50

DINGE, DIE EIN
TIROLER
GETAN HABEN
MUSS

Werner Kräutler

50
DINGE, DIE EIN
TIROLER
GETAN HABEN
MUSS

Styria
VERLAG

INHALT

50 Dinge, die ein Tiroler getan haben muss

01 DAS PARADIES DER PILGER
Auf dem Tiroler Jakobsweg über den Arlberg   10

02 DAS SCHÖNSTE DORF TIROLS
Rätoromanische Architektur und Heilquellen in Grins   14

03 EINE REISE INS MITTELALTER
Von Pfunds zur Festung Finstermünz   17

04 DIE WUNDERSAME ERRETTUNG DER
„FISSER IMPERIALGERSTE"
Zu Besuch am Biohof von Familie Sturm in Untertösens   20

05 DER TIROLER SAUERBRUNN
Das Heilwasser aus Obladis   24

06 ÜBER DEN KULT UR WEG ZUM „GACHEN BLICK"
Auf geschichtsträchtigen Pfaden zur Pillerhöhe   27

07 DIE SÜSSE VERFÜHRUNG AUS LANDECK
„Tiroler Edle": nachhaltiger, regionaler Schokogenuss   30

08 GÖTTINNEN DER VORZEIT
Die saligen Fräulein in der Kirche St. Vigil in Obsaurs   33

09 SCHÄTZE AM FUSS DES TIROLER ERZBERGS
Die „Knappenwelt Gurgltal" bei Tarrenz   36

10 AUF DRACHENTOUR AM JUWELENWASSER
Zum Seeben- und Drachensee ab Ehrwald   40

11 VON TAPFEREN RITTERN UND SCHWANKENDEN
STEGEN
„Burgenwelt Ehrenberg" und Rekord-Hängebrücke   44

12 ZU FUSS ÜBER DEN FERNPASS
Auf der Via Claudia Augusta von Nassereith nach Lermoos   47

13 IN DER ALPINEN ZEITKAPSEL
Die „Genuss-Hütte" Gampe Thaya bei Sölden   50

14 ÖSTERREICHS HÖCHSTGELEGENE
BERGBAUERNHÖFE
Die Rofenhöfe im Hinteren Ötztal   54

15 TRANSHUMANZ
Mit den Schafen über den Similaunpass   57

16 ZEHNTAUSEND JAHRE WAIDMANNSHEIL
Das Sommerlager der Steinzeitjäger im Fotschertal   60

17 IMPERIALE HOCHGEBIRGSFISCHE
Die „Bergoase Forellenhof" im Sellraintal   63

18 EIN KAISER IN BERGNOT
Zur Maximiliangrotte in der Martinswand   66

19 AN TOSENDEN FLUTEN
Unterwegs am „WildeWasserWeg" im Stubaital   69

20 ZUM HEILIGEN WASSER
Auf den Spuren der Wallfahrer nach Maria Waldrast   72

21 DER TWEED TIROLS
Beim letzten Handweber des Stubai   76

22 HEILIGTUM MIT FELSIGEM „HOCHALTAR"
Der Goldbichl in Igls   79

23 BLÜHENDE TRÄUME HOCH ÜBER INNSBRUCK
Das Almrosenfestival am Zirbenweg   82

24 DER RÄTSELHAFTE FELSKOLOSS
Zum „b'schriebenen Stein" im Inneren Viggartal   85

25 SLOW FOOD IN HOFERS HAUPTQUARTIER
Das „Gasthaus zum Schupfen" bei Mutters   88

26 SCHNÖLLER, SCHAFE UND FESTE
Der Schafabtrieb in Axams   91

27 MATSCHGERER, MULLER, MUMMEREIEN
Fasnacht in den MARTA-Dörfern   94

28 AUF DEN SPUREN DER BERGLEUTE
Die Knappenloch-Wanderungen hoch über Innsbruck   97

29 VON DRACHEN UND SCHLUCHTENSCHEISSERN
Besondere Entdeckungen in der Innsbrucker Altstadt   100

30 KELTISCHES ERBE IN SAGENHAFTER BERGKULISSE
Die Magdalenenkapelle bei Gschnitz   103

31 KRAMPERLLAUF UND TEUFELSTANZ
Bei Larvenschnitzer Norbert Danler in Ellbögen   106

32 BERGRIESEN UND SMARAGDSEE
Unterwegs im Obernberger Tal   109

33 EINE NEUE ART DES URLAUBS
Die „Schule der Alm" im Valsertal   112

34 STEIN-REICH UND GLETSCHERTEICH
Die Stoamandln von Erich Gatt auf der Zeischalm   116

35 MIT DEM DAMPFROSS ZU TIROLS PARADESEE

Das technische Wunder der Achenseebahn — 120

36 VON TEUFELN, SCHLANGEN UND ALTEN MAUERN

Der Burgschrofen bei Mayrhofen im Zillertal — 124

37 EINE WALLFAHRTSKIRCHE ALS IMMOBILIE

Maria Brettfall bei Strass im Zillertal — 127

38 GOLDENER GERSTENSAFT UND „WASSER DES LEBENS"

„Tyroler Imperial Zwickl" aus dem Zillertal und Whisky aus Prutz — 130

39 DAS SCHWARZE GOLD TIROLS

Bei den letzten Steinölbrennern im Bächental — 134

40 DURCH HIMMEL UND HÖLLE AM SCHLUCHTENPFAD

St. Georgenberg und die Wolfsklamm — 138

41 DIE GLASSTADT RATTENBERG

Zerbrechliche Kunstwerke aus Österreichs kleinster Stadt — 141

42 ÜBER 200 JAHRE BUNTE VIELFALT

Das Kaufhaus Messner in Brixlegg — 144

43 HEILENDES VOM WILDEN KAISER

Die Latschenbrennerei Hofmann im Kaiserbachtal — 147

44 WENN DIE MILCH PER SEILBAHN KOMMT

Die BIOSennerei Hatzenstädt in Niederndorferberg — 150

45 EINE REISE IN DIE VORZEIT

Die Tischofer Höhle im Kaisertal — 154

46 HUMMELN, DIE MAN ESSEN KANN

Die hornlosen Biorinder auf dem Hörlhof in St. Jakob in Haus — 157

47 WALLFAHRT MIT WOLLIGEM ANHANG

Der Opferwidder von Obermauern — 161

48 EIN MARKSTEIN DER REGIONALENTWICKLUNG

Die „Villgrater Natur" von Josef Schett — 164

49 URIGE GEMÜTLICHKEIT WIE FRÜHER

Das Almdorf auf der Oberstalleralm bei Innervillgraten — 167

50 BEDROHTES BÄUERLICHES KULTURGUT

Die Schupfn von Obertilliach — 170

Der Autor | Bildnachweis — 174

VORWORT

Liebe Leserin, lieber Leser!

Schon bevor ich im Jahr 1970 meinen Präsenzdienst in Absam absolvierte, war für mich klar: Tirol ist mein Land. Wenngleich in Vorarlberg geboren, kannte ich es bereits von Fotos und Berichten über Tirol und seine Berge in den Magazinen meiner Großmutter. Mir genügte das, um damals schon zu wissen, dass ich dereinst in diesem „Land im Gebirge" leben wollte. Deshalb kann ich mich auch noch ganz genau an die ersten zwei Tiroler Worte erinnern, die ich beim *Parras* (Militär) in Absam erlernte: *Pfoad* (Hemd) und *Bims* (Brot). Den eigentlichen Tiroler-Dialekt-Crashkurs machte ich allerdings ab dem Jahre 1996, als ich meine Arbeit als erster Tiroler „Regionalmanager für EU-Förderprojekte" im Ötztal aufnahm. Anfänglich klangen Worte wie *Nale* (Großmutter), *Gröttn* (Schubkarren), *Furmentn* (Murmeltiere) oder gar *Widnheiserin* (Pfarrersköchin) selbst für mich als eingefleischten Tirol-Fan ziemlich exotisch. Erst als ich dann auch Worte wie *entn* (drüben), *öbndöbn* (ganz oben) oder *deniedn* (unten) verstand, war ich in der Lage, Gesprächen an den Stammtischen des Ötztals zu folgen. Ich hatte mir aber auch ausgerechnet jenen Dialekt ausgesucht, der so alt ist, dass er schon zum immateriellen UNESCO-Weltkulturerbe erklärt worden ist.

Die Dialekte der Tiroler sind für mich gleichsam ein Spiegel ihrer Lebenswelt. Rau, wild und selbstbewusst spricht man in den Tälern des Oberlands. Geglättet und distinguiert klingt die Sprache der Innsbrucker. Und im Unterland klingt die Sprache ähnlich lieblich, wie es die Landschaft ist.

So vielfältig und schön wie die Tiroler Dialekte sind die „50 Perlen", die ich in diesem Buch vorstelle. Es sind Naturschönheiten ebenso wie kulturelle und historische Schätze. Ob Handwerkskunst oder Tiroler Spezialitäten, mir geht es um Regionalität und Nachhaltigkeit. Ich habe zudem versucht, die Touren als Tagesausflüge zu konzipieren, bei denen An- und Abreise meist auch mit öffentlichen Verkehrsmitteln möglich sind. Und: Die Wanderungen sind für Senioren und Familien mit Kindern gleichermaßen „zu derpacken".

In diesem Sinne wünsche allen Tirolerinnen und Tirolern – ob „eingeboren" oder „ehrenhalber" – bei der Erkundung viel Vergnügen.

7

Werner Kräutler

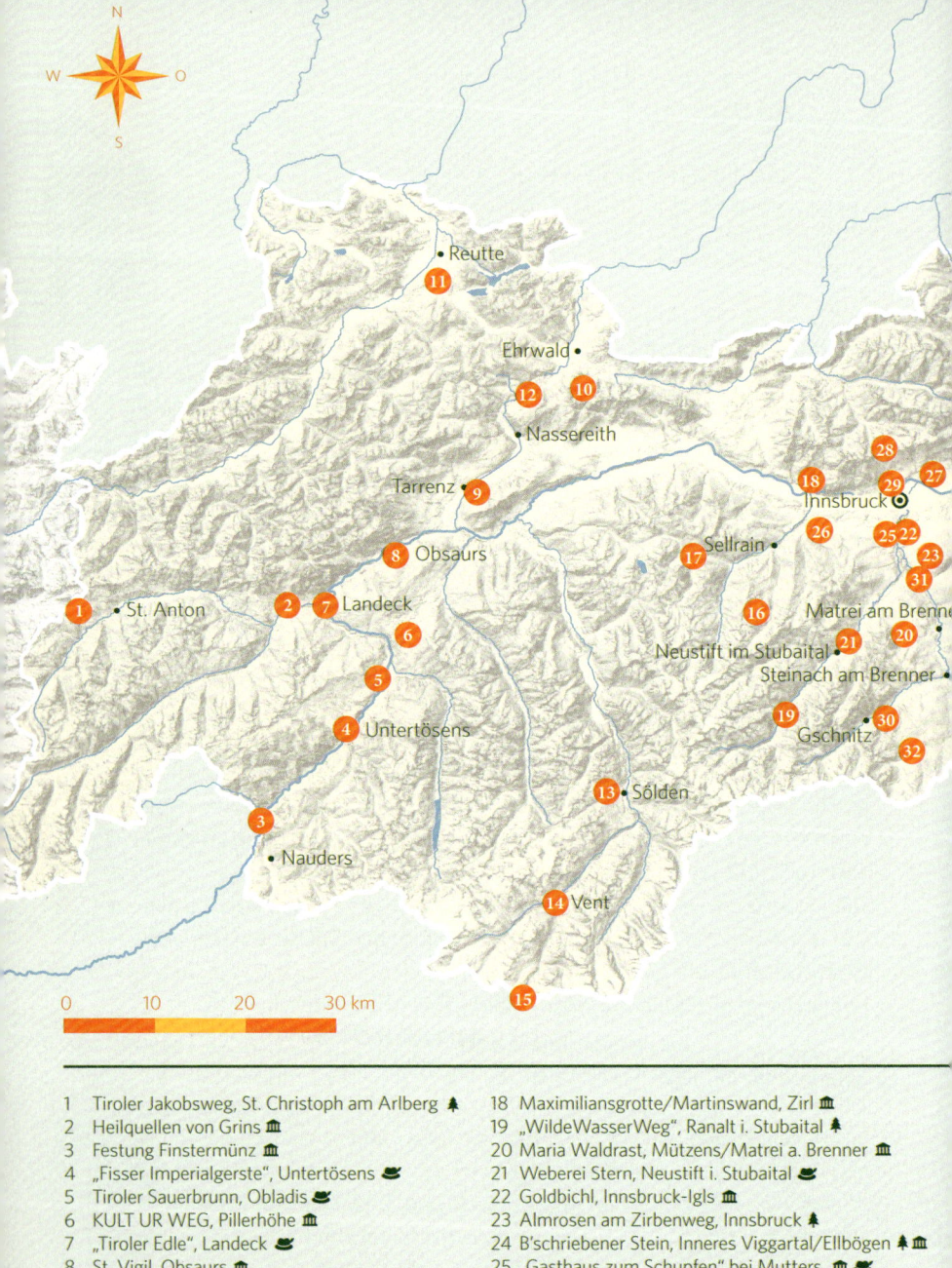

N
W — O
S

• Reutte
11

Ehrwald •
12   10

• Nassereith

Tarrenz •
9

8 Obsaurs

28
18 Innsbruck ⊙   29   27
26   25 22
17 Sellrain •   23
31

1 • St. Anton
2 7 Landeck
6
16 Matrei am Brenne
Neustift im Stubaital 21 20
Steinach am Brenner

5
4 Untertösens   19 30 Gschnitz
13 • Sölden   32

3
• Nauders
14 Vent

15

0   10   20   30 km

1   Tiroler Jakobsweg, St. Christoph am Arlberg 🌲
2   Heilquellen von Grins 🏛
3   Festung Finstermünz 🏛
4   „Fisser Imperialgerste", Untertösens 🍲
5   Tiroler Sauerbrunn, Obladis 🍲
6   KULT UR WEG, Pillerhöhe 🏛
7   „Tiroler Edle", Landeck 🍲
8   St. Vigil, Obsaurs 🏛
9   „Knappenwelt Gurgltal", Tarrenz 🏛
10 Seeben- und Drachensee bei Ehrwald 🌲
11 Burgenwelt und Hängebrücke, Ehrenberg 🏛
12 Via Claudia Augusta, Fernpass 🌲
13 Gampe Thaya bei Sölden 🌲🍲
14 Rofenhöfe, Hinteres Ötztal 🌲
15 Transhumanz, Similaunpass 🌲🏛
16 Steinzeitjäger im Fotschertal 🌲🏛
17 „Bergoase Forellenhof", St. Sigmund/Sellrain 🍲

18 Maximiliansgrotte/Martinswand, Zirl 🏛🌲
19 „WildeWasserWeg", Ranalt i. Stubaital 🌲
20 Maria Waldrast, Mützens/Matrei a. Brenner 🏛
21 Weberei Stern, Neustift i. Stubaital 🍲
22 Goldbichl, Innsbruck-Igls 🏛
23 Almrosen am Zirbenweg, Innsbruck 🌲
24 B'schriebener Stein, Inneres Viggartal/Ellbögen 🌲🏛
25 „Gasthaus zum Schupfen" bei Mutters 🏛🍲
26 Schafabtrieb, Axams 🌲
27 Fasnacht in den MARTA-Dörfern 🏛
28 Knappenloch-Wanderungen, Innsbruck 🌲
29 Geheimnisse in der Innsbrucker Altstadt 🏛
30 Magdalenenkapelle, Gschnitz 🌲🏛
31 Larvenschnitzer Danler, Ellbögen 🏛🍲
32 Obernberger Tal, Steinach a. Brenner 🌲
33 „Schule der Alm", Inneres Valsertal 🌲🏛
34 Stoamandln auf der Zeischalm 🌲

35 Achenseebahn, Jenbach/Pertisau 🌲 🏛
36 Burgschrofen, Mayrhofen/Zillertal 🏛
37 Maria Brettfall, Strass i. Zillertal 🏛
38 „Tyroler Imperial Zwickl", Zell a. Ziller 🍲
39 Steinölbrennen im Bächental/Pertisau 🍲
40 St. Georgenberg und Wolfsklamm bei Vomp 🌲 🏛
41 Glasstadt Rattenberg 🏛 🍲
42 Kaufhaus Messner, Brixlegg 🍲
43 Latschenbrennerei Hofmann, Kaiserbachtal 🍲
44 BIOSennerei Hatzenstädt, Niederndorferberg 🍲
45 Die Tischofer Höhle, Kaisertal 🌲
46 Hörlhof, St. Jakob in Haus 🍲
47 Der Opferwidder von Obermauern 🏛
48 „Villgrater Natur", Innervillgraten 🍲
49 Almdorf auf der Oberstalleralm 🏛
50 Schupfn von Obertilliach 🏛

🌲 Natur

🏛 Geschichte/Kultur

🍲 Tiroler Produkte/Genuss

DAS PARADIES DER PILGER

01

Auf dem Tiroler Jakobsweg über den Arlberg

Der Tiroler Jakobsweg war jahrhundertelang in Vergessenheit geraten. Erst mit der Wiederentdeckung des Pilgerns als kontemplative Form des Wanderns finden die alten Wege auch in Tirol wieder mehr Beachtung, liegt doch eine paradiesische Herberge auf dem höchsten Punkt des Jakobsweges.

Als ich im Jahr 2000 von einer Pilgerfahrt nach Santiago de Compostela zurückgekehrt war, machte ich mich sofort daran, den Jakobsweg durch Tirol zu reaktivieren. Mithilfe vieler Gleichgesinnter gelang es, den rund 255 Kilometer langen Weg zwischen dem Pass Strub und Waidring im Osten und St. Christoph im Westen wieder ins Bewusstsein der Tiroler zurückzuholen. Jahr für Jahr durchquert nun eine stetig steigende Zahl von Pilgern das Land. Sie benötigen dafür zwischen zehn und 14 Tage. Und am Ende des Tiroler Weges wartet eine Überraschung der besonderen Art auf die Pilgersleute. Dass die Pilger am Anfang und am Ende des Tiroler Jakobsweges jeweils ein Dorf namens St. Jakob durcheilen, ist schon einmal einzigartig: St. Jakob in Haus im Osten und St. Jakob am Arlberg im Westen des Landes. Der Tiroler Jakobsweg ist darüber hinaus auch noch für einen Rekord gut: Der Arlberg ist der höchste zu überwindende Pass zwischen St. Petersburg und Santiago de Compostela.

Die letzte Etappe auf Tiroler Boden verlangt den Pilgersleuten einiges ab. Man muss bedenken, dass sie Schlafsack, Wäsche und den Kulturbeutel in einem Rucksack mitschleppen. Die Strecke ist aber höchst interessant. Man durchschreitet jene Region, in der der moderne Alpinskilauf quasi erfunden wurde. Nicht zufällig weist das Arlberggebiet die vermutlich größte Dichte an österreichischen Skistars auf. Namen wie Karl Schranz, Karl Cordin, Gertrud Gabl oder Mario Matt haben nicht nur bei Skienthusiasten einen guten Klang.

Vom Ausgangspunkt Flirsch sind 700 Höhenmeter bis nach St. Christoph zu überwinden. Wetterkapriolen in Kombination mit teils steilen Anstiegen tun ein Übriges. Flirsch am Arlberg war ein früheres Zentrum der Lodenproduktion. Der Weg führt dann leicht ansteigend via Schnann und Pettneu nach St. Jakob mit seiner wunderschönen Kirche. Der heilige Jakob ist hier

Flirsch

01

Christliches Andenken an den ehrsamen Matthies Leitner, welcher den 8.ten Juni 1859 in diesem Thale durch einen Saumfall sein 55. Lebensjahr endete.

R. I. P.

nicht nur figürlich, sondern auch als Gegenstand der Freskenmalerei „anwesend". Weniger beschaulich ist der nächste Ort auf dieser Etappe: St. Anton, die berühmte Arlberg-Skistation. Wobei gesagt werden muss, dass – falls der Weg durch die Rosanna-Schlucht gewählt wird – unmittelbar nach dem Ortsende wieder Ruhe einkehrt und nur das Rauschen des Flusses zu hören ist. Und von der Schlucht aus geht's aufwärts bis zum Arlbergpass. Nach der Überquerung der alten Arlbergstraße beginnt der Schlussanstieg zum Maiensee auf rund 2000 Metern Seehöhe. Von hier schweift der Blick erstmals weit hinein ins benachbarte Vorarlberg, aber auch ins tiefer gelegene St. Christoph mit seinem Pilgerhospiz, das seit Jahrhunderten das Ziel aller Pilger ist, die den Arlbergpass erreichen.

Wer sich nun unter einem Hospiz eine spärlich eingerichtete Bleibe mit offenem Feuer und Fenstern, durch die der Wind pfeift, vorstellt, irrt in diesem Fall gewaltig. Vielleicht war das 1386 so, als ein Schweinehirt namens Heinrich Findelkind die erste Unterkunft baute, die Schutz vor den Wetterkapriolen am Arlberg bot. Um die Samariterarbeit finanzieren zu können, gründete er kurz darauf die „Bruderschaft St. Christoph", die bis zum heutigen Tag besteht. Noch heute kümmert sich diese um die Pilger. Die Unterkunft selbst hat sich allerdings grundlegend gewandelt. Das „Arlberg-

12

Hospiz-Hotel" oder „Arlberg1800-Resort", wie es jetzt heißt, ist in den mehr als 600 Jahren seines Bestehens wahrhaft luxuriös geworden. Ankommende Pilger werden nach Vorlage eines Pilgerausweises, sofern das Haus nicht ausgebucht ist, wie selbstverständlich im Fünfsternhotel untergebracht. In Zimmern, deren Badezimmer mit goldenen Hähnen ausgestattet sind. Und in deren Badewannen sich die Pilger den Staub der Pilgerwege abwaschen können. Eine Nacht lang fürwahr ein Paradies für Pilger!

Info

Anreise: Flirsch oder St. Anton sind mit dem Auto, der Eisenbahn und vor allem mit den Bussen des VVT zu erreichen: ab Bahnhof Landeck mit dem Bus Nr. 4242 nach Flirsch oder weiter nach St. Anton. Rückfahrt ebenfalls mit Bus Nr. 4242.
Etappeninformationen: *www.tirolerjakobsweg.wordpress.com*
Website Pilgerhospiz St. Christoph: *www.arlberg1800resort.at*

Auf dem Tiroler Jakobsweg über den Arlberg

DAS SCHÖNSTE DORF TIROLS

02

Rätoromanische Architektur und Heilquellen in Grins

Nachdem ein Brand das Dorf zerstörte, wurde es originalgetreu im traditionellen rätoromanischen Stil wieder aufgebaut. Der Besucher macht so eine einzigartige Zeitreise ins Tirol von damals. Zudem laden mittelalterliche Heilquellen zum Entspannen ein.

Der Zweite Weltkrieg mit all seinen Zerstörungen war gerade vorbei, als das Dörfchen Grins an der Arlbergstrecke von einer unfassbaren Katastrophe heimgesucht wurde. Es brannte vom 26. auf den 27. November 1945 bis auf die Grundmauern nieder. Der gesamte Ort wurde – mit wenigen Ausnahmen, wie die berühmte „Römerbrücke" – vernichtet. Innerhalb weniger Jahre schafften es die Grinner (nein, die Einwohner des Ortes werden nicht „Grinser" genannt), ihr Dorf wieder aufzubauen. In weiten Teilen genauso, wie es vor dem Brand ausgesehen hatte, was sich heute als wahrer Segen erweist. Denn sie konservierten damit das ursprüngliche Aussehen ihres im rätoromanischen Stil erbauten Dorfes. Deshalb gilt Grins heute mit Fug und Recht als einer der schönsten Orte Tirols.

Selbst vielen Tirolern ist Grins kein Begriff. Es liegt auf einem Sonnenplateau westlich von Landeck, etwa 150 Höhenmeter über dem Stanzertal. Vor allem die Zwetschken haben Grins und den Nachbarort Stanz berühmt gemacht – und zwar in Form von Zwetschkenbrand. Was Besucher heute noch auf den ersten Blick bemerken: Das Dorf muss einst reich gewesen sein. Allenthalben stößt man auf solide Häuser mit teils prunkvollen Türbögen im gotischen Spitzbogenstil. Grins hatte bereits im Mittelalter zwei ergiebige Einnahmequellen: Es lag an der Arlbergstrecke und verfügte über eine Heilquelle. Und die wurde von Tirols berühmtester Landesherrin, Gräfin Margarete Maultasch (1318–1369), vor über 650 Jahren schon werbewirksam als „Jungbrunnen" bezeichnet. Sie lebte teilweise hier und ritt täglich auf dem Pferd zur Quelle.

14 Der Aufstieg von Grins ist überhaupt mit dem Namen Margaretes verbunden. Sie verkaufte 1363 die Herrschaft Tirol an die Habsburger, wodurch die Verkehrsverbindung zu den Habsburgischen Vorlanden – wie das Gebiet, zu dem unter anderem das heutige Vorarlberg gehörte, damals hieß – an Bedeutung gewann. Über Nacht wurde aus einer bäuerlichen Gemeinde eine

Wegstation, die nun prominent auf der politischen Landkarte Tirols erschien. Zumindest so lange, bis im 19. Jahrhundert die neue Talstraße und die Eisenbahn errichtet wurden.

Die Tatsache, dass oberhalb von Grins auf 1200 Metern Seehöhe eine Heilquelle entspringt, machte Grins im Mittelalter zu einer bekannten und beliebten Kurstation. Wie wertvoll die Grinner Mineralquelle tatsächlich ist, zeigen Studien und Untersuchungen. Das Heilwasser, es handelt sich um Magnesium-Kalzium-Sulfatwasser, hat 2007 offiziell den Status „Thermalwasser" erhalten. Es sprudelt übrigens auch aus dem Brunnen vor dem Gemeindeamt und kann von jedermann abgefüllt werden. Als Trinkkur wirkt das Wasser nämlich gegen Darmträgheit, Magenbeschwerden und Weichteilrheumatismus. Zudem kommt eine wissenschaftliche Untersuchung der Salzburger Paracelsus-Universität zu dem Schluss, dass Badekuren im Grinner Wasser zur nachhaltigen Verminderung von Rückenschmerzen führen. Die positiven Auswirkungen auf den Bewegungsapparat werden mit leichten Bergwanderungen zusätzlich gefördert. Auch Hauterkrankungen können mittels Badekuren signifikant gelindert werden. Das waren auch Gründe, die die Gemeinde Grins bewogen, einen ersten konkreten Schritt in Richtung Gesundheitstourismus zu setzen. Das „Albenbad" wurde zum Zwecke der Abwicklung der klinischen Studie beim Schwimmbad errichtet – an einem wunderschönen Platz mit prächtigem Ausblick, aber begrenzter Kapazität. Der Erfolg bei den Gästen des Ortes macht optimistisch. Vielleicht kann Grins wieder an seine großen Zeiten im Mittelalter anschließen. Es wäre zu hoffen.

Info

Anreise: Entweder mit dem Auto oder öffentlich mit dem VVT-Bus Nr. 4242 oder 4244 vom Bahnhof in Landeck bis zur Ortsmitte von Grins.
Bademöglichkeit: Im **Albenbad** kann man die Heilwirkung des Grinner Wassers am eigenen Leib erfahren. Anmeldungen bei der Gemeinde Grins unter der Telefonnummer +43/(0)676/846909643.
Das **Wildbad** war zum Zeitpunkt der Drucklegung des Buchs (Februar 2018) aufgrund eines Murenabganges nicht erreichbar. Informationen beim Gemeindeamt Grins während den Amtszeiten von 8 bis 12 Uhr (Tel.: +43/(0)5442/62055).
Website: *www.albenbad.at*

EINE REISE INS MITTELALTER

Von Pfunds zur Festung Finstermünz

In der Nähe des Reschenpasses gelegen, blockiert die mittelalterliche Festung Finstermünz den Eingang zur tosenden Innschlucht. Am Fuß jäh aufsteigender Felsen bildete das Bollwerk jahrhundertelang die Grenze des Habsburgerreiches zur Schweiz. In der historischen Burganlage wird das Mittelalter lebendig.

Schon der Name klingt irgendwie bedrohlich: Finstermünz. Der uralten Festung nähert man sich vorzugsweise über einen wahrhaft historischen Pfad, nämlich über die Trasse der römischen Heerstraße Via Claudia Augusta. Üblicherweise startet man im Örtchen Pfunds, in dem das Mittelalter ähnlich präsent ist wie in Finstermünz. Der Pfundser „Turm", ein uraltes Gebäude mit angeschlossener Brücke, besteht heute noch. Der in Tirol legendäre Kaiser Maximilian I. (1459–1519) nützte ihn während der Engadiner Kriege als Hauptquartier.

In Pfunds selbst erinnern massive, teilweise im rätoromanischen Stil erbaute Bürgerhäuser noch immer an seine glanzvolle Vergangenheit. Herzog Sigismund „der Münzreiche" (1427–1496) war es, der den Pfundsern das Recht einräumte, Weggeld einzuheben. Die Lage des Ortes kurz vor dem Reschenpass sorgte augenblicklich dafür, dass enorm viel Geld ins Dorf gespült wurde, was den Bau ebenjener prächtigen Häuser zur Folge hatte. Von Pfunds aus wandert man entlang des tosenden jungen Inns bis zur Kajetansbrücke. Von dort folgt man dann etwa eine Stunde lang der einstigen Trasse der römischen Heeresstraße. Bis die Burganlage, besser gesagt, der mitten im Inn stehende gotische Turm, urplötzlich ins Blickfeld kommt. Die Burganlage wurde quasi in allerletzter Sekunde gerettet. Ein Verein nahm sich der ruinösen Anlage an und restaurierte sie mit bewundernswerter Sensibilität. Damit wurde ein Juwel des mittelalterlichen Wehrbaues erhalten. Zur Festung ausgebaut wurde Finstermünz ab 1472, vor allem wurde das „Wahrzeichen" der Anlage, der Turm mit dem Siegmundseck, errichtet. Dass sich diese bauliche Investition für die Habsburger rentierte, bewies das Jahr 1499, als die Schweizer Bauern im Engadiner Krieg daran gehindert wurden, auf habsburgischen Boden nach Tirol vorzudringen. Grund genug, das Bollwerk in den Folgejahren zu verstärken. Der mächtige Klausenturm

17

wurde errichtet, die Durchfahrt mit Pechnasen und Wehrplatten gesichert. Eine legendäre Episode soll sich hier während des Dreißigjährigen Krieges abgespielt haben, als einige Tiroler Landsknechte aus dem Engadin, wo sie aufseiten der Habsburger ihr Leben riskiert hatten, heimkehrten. Da sie vor verschlossenen Burgtoren standen, hob Gallus Gogl, ein legendärer Riese aus Vals am Brenner, die Tür kurzerhand aus den Angeln und warf sie in den Inn. Der Niedergang der Wehranlage begann Ende des 18. Jahrhunderts. 1799 war sie noch einmal in kriegerische Aktionen „verstrickt", als die Pfundser Schützen im Zuge der Napoleonischen Kriege 300 Gefangene machten und hier internierten. Spätestens 1856 geriet Finstermünz ins verkehrstechnische Abseits, als die neue Reschenstraße unter der Bauleitung von Carl Ritter von Ghega (1802–1860) fertiggestellt worden war. Von nun an hieß das Gemäuer „Altfinstermünz" und verfiel zusehends. Nur einmal noch war die Burg im wahrsten Sinn des Wortes im Fokus, als 1933 der Südtiroler Bergsteiger und Filmemacher Luis Trenker (1892–1990) seinen Film „Der Rebell" hier drehte. Der Verein „Altfinstermünz" hat die Burganlage ab 2001 im wahrsten Sinn des Wortes wachgeküsst und zum Zentrum einer historischen Erlebniswelt gemacht. Überaus spannende multimedial aufbereitete Informationen und eine Vielzahl von Veranstaltungen haben wahrhaft neues Leben in die alten Mauern gebracht. Mittelalterfeste, Ausstellungen, Kirchtage und Vernissagen in Altfinstermünz gehören inzwischen zu einem fixen Bestandteil der gesellschaftlichen Ereignisse im sogenannten „Oberen Gericht". So wird die Region im Tiroler Sprachgebrauch genannt, weil sie der Gerichtsbarkeit auf Schloss Nauders untergeben war.

Info

Anreise: Mit dem Auto verwenden Sie am besten diesen Routenplaner: *www.altfinstermuenz.com/de/lage/routenplaner*
Mit öffentlichen Verkehrsmitteln erfolgt die Anreise mit dem Bus Nr. 4220 oder 4218 von Landeck aus nach Pfunds, Haltestelle Dorf. Von dort geht es zu Fuß nach Altfinstermünz. Alternative: der Bus 4218 vom Bahnhof Landeck nach Hochfinstermünz, von wo aus ein Weg nach Altfinstermünz führt. Die rund einstündige Wanderung von Prutz nach Finstermünz erfolgt auf der einstigen „Via Claudia Augusta" und ist bestens ausgeschildert.
Website: *www.altfinstermuenz.com*

03

DIE WUNDERSAME ERRETTUNG DER „FISSER IMPERIALGERSTE"

04

Zu Besuch am Biohof von Familie Sturm in Untertösens

Es gibt wenige Menschen, die von sich behaupten können, eine vom Aussterben bedrohte Getreidesorte gerettet zu haben. Christian Sturm, Biobauer aus Untertösens im Oberen Inntal, hat genau das geschafft. Gemeinsam mit einigen Kollegen ist es ihm gelungen, die „Fisser Imperialgerste" vor dem endgültigen Verschwinden zu bewahren.

Angefangen hat alles damit, dass Sturm im Jahr 2000 gemeinsam mit seiner Frau Gertrud einen kleinen Bauernhof in Untertösens kaufte. Sie bauten den neun Hektar Grund umfassenden Hof in wenigen Jahren zu einem regionalen Muster-Biobauernhof aus. So viel war klar: Mutterkuhhaltung und Getreideanbau, Bienen- und Kräuterzucht waren die Schwerpunkte, denen sie sich widmen wollten. Beim Getreide wollten die Sturms keine hybriden Sorten verwenden und setzten von vornherein auf alte, regionale Sorten. „Denn die sind an unseren Standort, die Höhe, den Boden und das Klima angepasst und weit weniger anfällig für Pflanzenkrankheiten", erklärt Christian Sturm.

Von einem Bekannten hatte er gehört, dass es eine lokale Gerstensorte gegeben habe, die „Fisser Imperialgerste". Fiss, heute ein bekannter Wintersportort, liegt hoch oberhalb seines Wohnortes auf rund 1400 Metern Seehöhe und war früher bekannt für seine Gerstensorte. Saatgut allerdings war nicht mehr aufzutreiben. Sturm fand zwar letzte Reste dieser Gerste im Getreidekasten eines Bekannten, aber sie war nicht mehr keimfähig. Das Projekt drohte zu scheitern. Mehr Glück hatte der gelernte Kaminkehrer bei der Tiroler Genbank. Denn dort wurde noch ein allerletzter Rest der Gerste tiefgefroren aufbewahrt. Und sie war noch keimfähig. Sturm begann mit der Saatgutvermehrung, ihm standen rund 60 Kilogramm der Imperialgerste zur Verfügung. Er war erfolgreich und teilte dann seine ersten 1,5 Tonnen Saatgut mit einigen der Bauern aus der Umgebung. Die Auferstehung einer alten Kultursorte konnte beginnen.

Sturm war überrascht, auf welche Resonanz seine Initiative stieß. Immer mehr Bauern wollten die Gerste anbauen. Und das alles ohne einen Euro

an Fördergeldern, wie er stolz betont. Vier Jahre nach den ersten Anbauversuchen sind es 2017 bereits 50 Bauern, die insgesamt circa 200 Tonnen Fisser Imperialgerste geerntet haben. Der Anbau erfolgt nach den Richtlinien des biologischen Landbaus. Eine der wichtigsten Voraussetzungen dafür: Die Gerstenbauern müssen ihre Äcker auf mehr als 800 Metern Seehöhe haben. Denn die Gerste gedeiht erst ab diesen Höhenlagen optimal. Und dann war die Menge plötzlich so groß, dass andere Verwendungsbereiche gefunden werden mussten, als die Zubereitung der in Tirol beliebten Gerstlsuppe. „Diese Dynamik kommt aus dem Geist dieser Gerstensorte", meint Sturm lächelnd.

Ein Mann hat die Aktivitäten Sturms stets wohlwollend begleitet: Gerhard Maass, ein über die Grenzen Tirols hinaus bekannter Destillateur. Er war es auch, der tatkräftig an der Wiederauferstehung der Imperialgerste beteiligt war. Maass erweiterte die Einsatzmöglichkeiten über die Kulinarik hinaus in die hochprozentige Dimension (siehe auch Tour 38). Er begann 2014, aus der Imperialgerste einen Gerstenbrand zu destillieren und ihn dann in speziellen Eichenfässern zu Whisky zu veredeln.

Dem Beispiel von Maass folgte dann auch noch die „Zillertaler"-Brauerei. Eine Hürde mussten die Bierbrauer allerdings überwinden: Die Imperialgerste hat einen wesentlich höheren Eiweißgehalt als die übliche Braugerste. Aber auch diese Schwierigkeiten sind nach ausgedehnten Testreihen beseitigt. Mehr noch: Der hohe Eiweißgehalt wirkt sich beim Bier und beim Whisky nachhaltig aus. Nämlich in einer Geschmacksfülle, wie sie bisher kaum zu erzielen war. Und somit steht einer weiteren Vergrößerung der Getreideanbaufläche im „Oberen Gericht" nichts im Wege.

Der Biohof „Hof Aster" von Christian und Gerti Sturm in Untertösens hat sich in den letzten Jahren zu einem beliebten Ausflugsziel für Familien mit

22

Christian Sturm

Kindern entwickelt. Ob kleine Festivitäten in „Gertis Ladele" mit einer gro-ßen Auswahl an Bioprodukten, Brotbackkurse oder Mühlenvorführungen – Hofbesuche bei den Sturms sind immer kurzweilig.

Info

Anreise: Mit dem Auto bis Untertösens, beim Gemeindeamt rechts ab-biegen und dem Schild „Gertis Ladele" folgen. Öffentlich mit dem VVT-Bus Nr. 4218 oder Nr. 4220 bis zur Haltestelle Gemeindeamt Tösens, anschließend etwa 20 Minuten Spaziergang nach Untertösens.
Kontakt: Hof Aster/Gertis Ladele, Untertösens 1, 6541 Serfaus/Untertösens, Tel.: Christian Sturm: +43/(0)664/4698701
Website: *www.museum-serfauser-lauser.at*

Zu Besuch am Biohof von Familie Sturm in Untertösens

DER TIROLER SAUERBRUNN

Das Heilwasser aus Obladis

05

Der Legende nach entdeckten Ziegen im Jahr 1212 den „Sauerbrunn" von Obladis. Das Heil- und Mineralwasser hatte es nicht nur den Geißen, sondern in der Folge auch Kaisern und Königen angetan. Bis heute gilt es als eines der besten Wässer Tirols.

Es ist die Kombination aus Landschaft und Heilquelle, die Obladis damals wie heute so attraktiv macht. Auf 1386 Metern Seehöhe gelegen, erfreut sich der Besucher nicht nur am einzigartigen Bergpanorama, auch das Klima ist überaus erträglich. Im Volksmund bezeichnet man Ladis und Obladis auch als „Sonnenterrasse". Schon zu Zeiten Kaiser Maximilians galt das Wasser aus Obladis als der „Gesundbrunnen" schlechthin. Das Wasser sei „das allerhailsamste in gantz Teutschland", heißt es in einer zeitgenössischen Quelle. Dass zudem in unmittelbarer Nähe des Sauerbrunns eine Schwefelquelle aus dem Berg sprudelt, machte Obladis vollends zu einem mittelalterlichen Kurzentrum. Für die Menschen des frühen Mittelalters mag es ein Gottesgeschenk gewesen sein, hier ihre vielfach fragile Gesundheit wieder einigermaßen in den Griff zu bekommen. Denn anfänglich waren Sauerbrunn und Schwefelquelle in einem „Bauernbadl" vereint, wie es sie im Tirol des frühen Mittelalters zu Hunderten gegeben hatte. In solchen einfachen Bädern war es auch wenig begüterten Menschen möglich, körperliche Leiden mit Bädern und Trinkkuren erfolgreich zu behandeln.

Eine erste Blütezeit erlebte der Sauerbunnen um das Jahr 1571, während der Regierung Erzherzog Ferdinands II. (1529–1595). Der Tiroler Landesherr ließ für seinen kranken Sohn täglich einen „Pitrich (Holztrog) voll Saurprunnenwasser" nach Innsbruck kommen und unterzog sich 1572 höchstselbst einer Trinkkur vor Ort, von der heute noch eine 1576 von ihm gespendete marmorne Brunnensäule bei der Quellfassung zeugt. Von diesem Zeitpunkt an wurde Obladis zu einem der wichtigsten und bekanntesten Kurbäder Tirols. Das Wasser des Sauerbrunns wurde damals von eigenen Wasserverkäufern auch in die entlegensten Gebiete Tirols gebracht. Ja, es sind sogar Fälle von „Wasserfälschung" bekannt. Das Inntal-Erdbeben des Jahres 1670 ließ die Quelle aber nahezu versiegen. Glaubt man den damaligen Chronisten, schoss das Wasser bis dahin „drei Fuß hoch" empor. Der starke Rückgang der Quellbringung und

24

05

andere Umstände trugen dazu bei, dass der Anfang des 19. Jahrhunderts damals noch bestehende Kurbetrieb nahezu zum Erliegen gekommen war. Der Neubau eines großen Kurhotels eröffnete ab 1833 wieder eine Zeit florierenden Kurbetriebes, die im Jahr 1972 mit einem verheerenden Brand jäh endete. Durch all die unterschiedlichen Zeitläufe hielten die Tiroler jedoch unverbrüchlich an „ihrem Sauerbrunnen" fest. Und weil keine gute Straße nach Obladis führte, baute man um die Jahrhundertwende eigens für den Mineralwassertransport eine Materialseilbahn von Prutz nach Obladis. Es ist der Familie Kirschner zu verdanken, dass es das Heil- und Mineralwasser – wenngleich in beschränktem Umfang – immer noch zu kaufen gibt. Die Quelle gibt nämlich pro Minute nur eineinhalb Liter des köstlichen Sauerbrunns frei. „Die Quellfassung muss sehr vorsichtig erfolgen", erzählt Burgl Kirschner, die Seniorchefin des Betriebes. „Ansonsten würde sich die Kohlensäure verflüchtigen." Deshalb wird das Wasser mit äußerster Vorsicht in einem Bassin und in großen Behältern gesammelt und zwei- bis viermal wöchentlich in Flaschen abgefüllt. Ein Wasser, das für viele Menschen das beste Wasser Tirols ist. Der Tiroler Sauerbrunn ist mehr als „normales Mineralwasser". Es ist ein anerkanntes Heilwasser, das tief aus den Bergen kommt. So setzt die moderne Medizin den Sauerbrunn bei Erkrankungen von Niere, Leber, Darm, Magen und Bauchspeicheldrüse, bei Verschleimung der Atemwege, Appetitlosigkeit und auch bei Schilddrüsenleiden erfolgreich ein. Trinkkuren bei Gastritis, Asthma, Sodbrennen und Stoffwechselerkrankungen erzielen gute Erfolge. Der hohe Kalziumgehalt kommt vor allem Frauen zugute. Er ist gut bei Osteoporose. Wer das Betriebsgebäude in Obladis besucht, kann den Sauerbrunn und das Schwefelwasser gratis in mitgebrachte Gefäße abfüllen. Wo es dieses exzellente Wasser sonst zu kaufen gibt, ist auf der Website *www.tirolersauerbrunn.at* unter „Händler" ersichtlich.

Info

Anreise: Mit dem Auto kann man bis zum Wohn- und Betriebsgebäude des Sauerbrunns fahren. Zu Fuß ist ein Aufstieg von Ladis aus empfehlenswert. Beginn der leichten Rundwanderung ist beim Oberen Dorfbrunnen in Ladis.
Kontakt: Tiroler Sauerbrunn, 6532 Ladis, Obladis 2b
Tel.: +43/(0)5472/6232; **E-Mail:** sauerbrunn@aon.at
Website: *www.tirolersauerbrunn.at*

26

ÜBER DEN KULT UR WEG ZUM „GACHEN BLICK"

Auf geschichtsträchtigen Pfaden zur Pillerhöhe

Dass auf der Pillerhöhe die Menschen jahrtausendelang ihren Göttern opferten, ist kein Wunder. Sie liegt zwischen dem Pitztal und dem Oberinntal und weist eine Eigenschaft auf, die im Tiroler Dialekt „Gacher Blick" genannt wird. Eine rund 400 Meter steil abfallende Felswand jagt auch uns modernen Menschen bisweilen einen kalten Schauer über den Rücken.

Eine Wanderung auf den Piller gehört sicher zu den historisch interessantesten in Tirol. Der Ausgangspunkt im sogenannten Fuchsmoos in der Gemeinde Piller ist bequem mit dem Bus von Imst-Bahnhof aus zu erreichen, liegt aber immerhin auf 1350 Metern Seehöhe. Von hier aus führt ein schöner Wanderweg teilweise entlang geschützter Moore und Feuchtwiesen zur Pillerhöhe auf 1560 Meter. Der Weg folgt jenem, den Menschen schon vor rund 3500 Jahren begangen haben. Es waren die Vorfahren der Räter, die den Kultplatz besuchten, um den Göttern zu opfern.

Nach dem Fuchsmoos passiert man den Piller See, ein künstlich angelegtes Gewässer, das im Winter zu einem fantastischen Eislaufplatz wird. Und dann braucht's nicht einmal ein archäologisch geschultes Auge, um zu erkennen, dass es sich bei diesem Spazierweg um einen uralten, prähistorischen Pfad handelt. Er fungierte damals sogar als Straßenverbindung, auf dem auch Güter transportiert wurden. Teils tief unter dem Waldniveau nähert man sich dem Piller Sattel, vorbei an einem Hochmoor gelangt man schlussendlich durch eine „Hohle Gasse" – einen schluchtenartigen Weg – zum vorchristlichen Brandopferplatz.

Vom 15. Jahrhundert v. Chr. an, also der Mittleren Bronzezeit, bis zum Ende der Hallstattzeit wurden auf diesem Platz Tiere geopfert. Die Brandopfer wurden später durch Sachopfer wie Schmuck, Trachtbestandteile, Werkzeuge und Waffen ersetzt. Nach der Eroberung durch die Römer kam es zu einer **27** neuerlichen Änderung der Kultform. In dieser letzten Phase opferten die Menschen Münzen, die sie im Bereich der Festwiese in der Erde deponierten.

Es ist vor allem einem Mann zu verdanken, dass der historische Kern dieser Landschaft heute klar und deutlich erkennbar ist: Franz Neururer. Er entdeckte 2001 nur etwa einen Kilometer vom Brandopferplatz entfernt ein riesiges Depot mit über 350 Bronzen aus der Mittleren Bronzezeit, die dicht an dicht in ein keramisches Gefäß geschichtet worden waren. Und dieses Gefäß wiederum war unter einer Felsplatte deponiert worden. Mit seinen zahlreichen Objektgruppen – Trachtschmuck, Waffen, Gerät, Rohmaterial – bildet das Depot vom Moosbruckschrofen am Piller den größten und zugleich vielfältigsten Fund dieser Epoche in Mitteleuropa. Als Sensation gilt das Fragment eines Kammhelmes, der als ältester Helm Europas betrachtet wird.

Das Naturparkhaus am „Gachen Blick" als Zentrum des „Naturparks Kaunergrat" widmet sich den landschaftlichen Perlen dieses Gebietes. Themenwege, Lehrpfade und Veranstaltungen sollen Geschichte und Gegenwart der Region sichtbar machen. Unbedingt empfehlenswert ist es, dem archäologischen Museum im rund fünf Kilometer entfernten Fließ einen Besuch abzustatten. Der Ort ist entweder zu Fuß oder mit dem öffentlichen Bus erreichbar. Denn hier kann man die Opfergaben vom prähistorischen Kultplatz aus der Nähe betrachten.

Info

Anreise: Mit dem VVT-Bus Nr. 4204 von Imst aus bis zur Haltestelle Piller-Fuchsmoos. Für Privat-Pkws ist ein eigener Parkplatz angelegt.
Rückreise: entweder vom Fuchsmoos oder von Fließ nach Landeck mit dem VVT-Bus Nr. 4230. Man kann aber in den Sommermonaten auch mit dem Bus bis zum Naturparkhaus fahren.
Kontakt: **Naturparkhaus am Piller:** Gachenblick 100, 6521 Fließ
Tel.: +43/(0)5449/6304; E-Mail: naturpark@kaunergrat.at
Archäologisches Museum Fließ: Nr. 89, 6521 Fließ
E-Mail: museum@fliess.at
Geöffnet: 1. Mai bis 31. Oktober: Di bis So 10 bis 12 und 15 bis 17 Uhr
Websites: *www.kaunergrat.at*
        www.museum.fliess.at

28

06

DIE SÜSSE VERFÜHRUNG AUS LANDECK

„Tiroler Edle": nachhaltiger, regionaler Schokogenuss

Wenn Schokolade „essbar gewordenes Glücksgefühl" ist, dann ist Hansjörg Haag ein Glücksbringer. Der Chocolatier aus Landeck hat es geschafft, Tiroler Lebensart als süße Verführung zu verpacken. Er macht den einzigartigen Geschmack von Tiroler Früchten, Schnäpsen und Bergkräutern in seinen Schokoladen sinnlich erlebbar.

Schokolade. Allein schon das Wort lässt uns das Wasser im Mund zusammenlaufen. Kakao, Milch und Zucker, und fertig ist die Sache – so denkt der Laie. „Eine wirklich gute Schokolade hängt natürlich von der Qualität der Zutaten ab", sagt Hansjörg Haag. Also von der Qualität des Kakaos ebenso wie von der Qualität der Milch und aller anderen Zutaten. „Und da wir nur exzellente Schokoladequalitäten herstellen, verwenden wir ausschließlich die jeweils besten Grundstoffe für unsere ‚Tiroler Edle'." Als Haag in Zusammenarbeit mit Therese Fiegl, einer Agrarökonomin aus Innsbruck, im Jahr 2001 begann, konkret über eigene Kreationen nachzudenken, hatte er bereits fundiertes Wissen über die Geheimnisse der Schokoladeproduktion. Nun wollte er mit seinem Know-how ein Produkt schaffen, dessen Rohstoffe so weit als möglich aus Tirol stammten.

Kompromisse gibt es bei Haag nicht. Der in der „Tiroler Edlen" verwendete Kakao ist weltweit der anerkannt Beste. Er stammt aus Ghana und Venezuela. Und die Milch in der „Tiroler Edlen" kommt ausnahmslos aus Tirol: von einer Urtiroler Rinderrasse, dem Tiroler Grauvieh. Diese wunderschönen, leichtfüßig-markanten Tiere sind seit mehr als 3000 Jahren in Tirols Bergen beheimatet. Sie standen nach dem Zweiten Weltkrieg sogar kurz davor, auszusterben. Das hat sich in den letzten Jahren grundlegend geändert, die „Tiroler Grauen" erleben in den letzten Jahren eine wahre Renaissance. Milch und Fleisch der Tiere sind vor allem in der Gastronomie gefragt.

30 Hansjörg Haag sammelt für seine „Tiroler Edle" einmal im Jahr die wertvolle Milch der „Tiroler Grauen" in Kleinstbetrieben, meist Höfen mit fünf bis 15 Kühen. Die etwa 20.000 Liter Milch werden unmittelbar danach zu Milchpulver verarbeitet, was auf den ersten Blick überraschend klingen mag. Das hat aber ganz grundlegend mit der Schokolade zu tun. In Milchschokolade

07

kann nur Pulver verarbeitet werden, weil Kakao, der mit Flüssigkeit in Berührung kommt, stockt. „Eine Produktion von Schokolade wäre nicht mehr möglich", so Haag. Aber er braucht noch ein weiteres, ganz spezifisches Milchprodukt: Rahm. Seine Schokofüllungen werden mit diesem wohlschmeckenden Milchfett erzeugt. Auch den Rahm bezieht er von einem Grauvieh-Bauern in seiner Region, aus Ladis.

Der Erfolg der Schokolade aus Landeck basiert auch auf einer überaus innovativen Idee des Chocolatiers. Denn viele der Geschmacksrichtungen, die er entwickelt, basieren auf Tiroler Rohstoffen. Wie etwa Tiroler Himbeeren, Tiroler Bergminze, Stanzer Zwetschken oder dem Galtürer Enzianbrand, der sogar in der UNESCO-Kulturerbe-Liste aufscheint. Die süßen Köstlichkeiten leisten so auch einen aktiven Beitrag zur Regionalität und Nachhaltigkeit.

57 verschiedene Schokoladen, darunter auch eine ohne Zucker, bilden das derzeitige Produktsortiment des Landecker Unternehmens mit zehn Angestellten. Ein Sortiment, das auch um „individuelle Editionen" erweiterbar ist. Was vor allem Firmen schätzen, die mit Haag zusammen ihre „eigene" Schokolade kreieren oder durch eine individuelle Verpackung die Tafeln personalisieren lassen und damit eines der zweifellos exklusivsten Kundengeschenke Tirol schaffen.

Info

Anreise: Vom Bahnhof Landeck-Zams in 20 Minuten zu Fuß zur Maisengasse oder mit dem Stadtbus Nr. 1 zum Busterminal im Ortszentrum, von dort rund 7 Minuten bis zum Café Haag.
Kontakt: Konditorei Haag, Maisengasse 19, 6500 Landeck
Tel.: +43/(0)5442/62328, E-Mail: haag@tiroledle.at
Im Sommer und im Winter finden jeden zweiten Dienstag des Monats Schokoladeverkostungen statt, Anmeldungen dafür nimmt der Fremdenverkehrsverband Tirol West entgegen: *www.tirolwest.at*
Website: *www.tiroledle.at*

32

GÖTTINNEN DER VORZEIT

Die saligen Fräulein in der Kirche St. Vigil in Obsaurs

Die Kirche St. Vigil in Obsaurs ziert ein Bild der „drei Saligen", uralten alpinen Sagengestalten. Es ist eines der letzten noch existierenden Fenster in die vorchristliche Vergangenheit Tirols.

St. Vigil in Obsaurs ob Schönwies scheint zum letzten Rückzugsort des alten Glaubens geworden zu sein. Das Kirchlein beherbergt ein Bild mit der Darstellung der „drei Saligen Fräulein", jener legendären und geheimnisvollen Frauenfiguren, die in vielen Sagen des Alpenraums als weiß gekleidete gute Feen erscheinen und nur allzu oft von bösen Menschen vertrieben werden.
Nach Obsaurs kann man von Schönwies aus auf einer Teilstrecke des Tiroler Jakobswegs gelangen. Vom Bahnhof Schönwies ausgehend führt der Weg in Richtung Waldrand und dann als „Jakobsweg" ausgeschilderter Pfad direkt nach Obsaurs zur Vigilkirche. Auf dem uralten Pfad erreicht man das Kirchlein in etwa einer Stunde. Ort und Kirche sind natürlich auch mit dem Auto erreichbar, die Straße nach Obsaurs ist in der Ortsmitte von Schönwies gut ausgeschildert.
St. Vigil wurde um etwa 1500 im spätgotischen Stil erbaut. Die rätische Vergangenheit Tirols ist hier augenscheinlich noch präsent. Das hat vor allem mit einem Bild zu tun, das in der Kirche an prominenter Stelle hängt und die „drei saligen Fräulein" zeigt. Ein Bezug der drei Saligen zur Heiligengeschichte der katholischen Kirche fehlt völlig. Wie kommt also das Bild in eine christliche Kirche? Zudem werden die „drei Saligen" als Königinnen vor einer befestigten Stadt dargestellt, das Bild enthält nicht ein einziges christliches Symbol, was doch einigermaßen bemerkenswert ist.
Geht man in die vorchristliche Vergangenheit Tirols zurück, macht die Darstellung wieder Sinn. Die Römer annektierten im 1. Jahrhundert vor Christus Gebiete im Alpenvorland und dem mittleren Westalpenraum und nannten die Provinz Rätien. Die Grenze zur Nachbarprovinz Noricum verlief in Tirol entlang der Ziller. Der Name leitet sich von den hier lebenden Rätern ab, die **33** von den Etruskern abstammten. Diese waren kein homogener Volksstamm, huldigten aber verbreitet weiblichen Fruchtbarkeitsgöttinnen. Die alten rätischen Glaubenssymbole haben im Bild der Kirche St. Vigil in Form der Göttinnen überlebt. Wenn man die „drei Saligen" genauer betrachtet, fallen

nicht nur die fremd klingenden Namen auf: Ambet, Wilbett und Gwerbett. Die interessanteste Figur ist sicher Gwerbett, die in ihrer linken Hand ein Sonnenzepter hält. Das ist exakt die Ikonografie, wie man sie in Darstellungen des römischen Hauptgottes Jupiter sieht.

Aber weshalb hängt das Bild ausgerechnet in Obsaurs? Auf dem Hügel hinter dem Kirchlein bestand in der Eisenzeit, das ist archäologisch gesichert, ein Brandopferplatz. Auch der ist erklärbar, ragt doch nur einige Kilometer entfernt die Tschirgantspitze wie eine gleichseitige Pyramide in die Höhe. Dass zudem bei der Kirche einst eine heilige Quelle entsprang, rundet das Bild eines Heiligtums ab. Da liegt die Vermutung nahe, dass es sich um einen uralten Wallfahrtsplatz handelt, zu dem Menschen immer wieder gepilgert sind. Auch noch zu Zeiten, in denen das Christentum in Tirol bereits die „Oberhand" über die alten Kulte gewonnen hatte.

Es scheint, als ob die Christen den rätischen Glauben ganz einfach „eingemeindet" haben: Die Göttinnen wurden kurzerhand zu „Saligen" umfunktioniert, die fortan in der lokalen Sagenwelt weiterlebten. Dieses Phänomen findet man auch auf anderen alten Kultplätzen in Tirol. Aber: Die Oberhoheit über Himmel und Erde wurde gleichzeitig einem männlichen Gott zugeschanzt. Auch diese Situation ist in der Vigil-Kirche in Obsaurs eindrucksvoll festgehalten. Denn der männliche Gott schaut von der Decke direkt oberhalb des Bildes huldvoll auf seine drei „Vorgängerinnen" herab.

Info

Anreise: Die Fahrt mit dem Pkw ist bis kurz vor die Kirche möglich. Mit den öffentlichen Bussen des VVT ist es nicht möglich, direkt nach Obsaurs zu gelangen. Es ist nur die Anreise bis Schönwies möglich. (Fußmarsch ab Schönwies zur Vigilkirche)
Besichtigung: Die Kirche ist normalerweise verschlossen. Den Schlüssel erhalten Sie ein Haus davor bei Familie Ernst Pohl (Tel. +43/(0)5418/5176).
Website: Eine Beschreibung von St. Vigil findet sich auf *www.sagen.at* oder *www.tirolischtoll.wordpress.com*

34

08

SCHÄTZE AM FUSS DES TIROLER ERZBERGS

Die „Knappenwelt Gurgltal" bei Tarrenz

Im Schatten des „Tiroler Erzbergs" liegt die „Knappenwelt Gurgltal", ein „interaktives, analoges Museumsdorf". Am Fuß des Tschirgant bei Tarrenz können Besucher eine einzigartige Zeitreise ins Mittelalter machen.

Die „Knappenwelt Gurgltal" lässt eine Zeit wieder auferstehen, in der Tausende Knappen im Bauch des Berges werkten, sich aber auch in den umliegenden Bergketten durch die Eingeweide der Felsriesen hämmerten und bohrten. Auf 3200 Quadratmetern vermittelt die Knappenwelt in eindrucksvoller Art und Weise, wie die Erzmineralien vom tauben Gestein getrennt und anschließend aufbereitet wurden. Und das auf sehr handfeste Weise, denn die Anlagen dürfen berührt und teilweise sogar in Gang gesetzt werden. Ein kleines, in die „Knappenwelt" integriertes Museum, das der „Heilerin vom Gurgltal" gewidmet ist, rundet das Angebot ab. Es war der Bergwerksverein Tarrenz, der sich jahrelang intensiv darum bemühte, die Erzverarbeitung des späten Mittelalters und der frühen Neuzeit in einer Art Museumsdorf wieder aufleben zu lassen. Sie ist vor allem Vereinsobmann Andy Tangl, der Triebfeder des Museumsdorfs, zu verdanken. „Man sieht, was entstehen kann, wenn sich ein ganzer Verein ins Zeug legt", ist Tangl stolz.

Imst, das Gurgltal und die Umgebung von Nassereith waren im 16. Jahrhundert nach Schwaz Tirols wichtigste Bergbauzentren. Der Höhepunkt der Bergbautätigkeit am Tschirgant war 1501 erreicht, als insgesamt 41 Gruben in den Bauch dieses Berges vorgetrieben worden waren. Auch in den Bergen der Umgebung waren Knappen in vielen Stollen im Einsatz. Damals arbeiteten schätzungsweise 4000 Personen im Bergbau. Sie bauten Bleiglanz, Zinkblende und auch ein wenig Silber ab. Wie die Erze weiterverarbeitet wurden, ist Thema der Knappenwelt.

36 Zwei Dinge machen die „Knappenwelt" für Besucher so attraktiv: Sie liegt im Gurgltal, also dort, wo eine solche Anlage durchaus hätte existieren können. Die Architektur und auch die Anordnung der Gebäude erfolgten nach originalen Vorbildern, ganz so wie Erzverarbeitungsanlagen tatsächlich einmal ausgesehen haben. Zweitens: Die „Knappenwelt" lädt zum aktiven Mit-

machen ein. Viele Kinder betätigen sich hier – meist gemeinsam mit ihren Vätern – als kleine Knappen.

Ein kleines Schaubergwerk gibt einen ersten Eindruck, unter welch harten Bedingungen die Knappen vor 500 Jahren das Erz aus dem Berg brechen mussten. Zu sehen ist auch ein Grubenhaus, in dem sich das „Berg-Management" befand. Vor allem das Knappenhaus, in dem die Arbeiter meist unter sehr primitiven Bedingungen lebten, macht die Vergangenheit für Besucher lebendig. Interessant sind auch das wasserbetriebene Pochwerk und die Schmiede samt einer funktionierenden Esse. Im Pochwerk wird gezeigt, wie Steine auf Korngröße zerstoßen worden sind, und in der Schmiede, wie die Werkzeuge der Knappen permanent repariert wurden.

Der durch Zufall im Jahre 2008 in unmittelbarer Nähe gefundenen „Heilerin vom Gurgltal" ist ein kleines, sehr feines Museum auf dem Areal der Knappenwelt gewidmet. Bei diesem archäologisch bemerkenswerten Fund handelt es sich um die sterblichen Überreste einer etwa 40-jährigen Frau aus der Zeit des Dreißigjährigen Krieges, vermutlich einer Heilerin. Die multimediale Darstellung ihres Lebens ist einer der Höhepunkte jedes Besuches.

38

Anreise: Mit dem Pkw von Imst kommend nach dem Ortszentrum Tarrenz den Schildern zum Parkplatz der Knappenwelt folgen. Öffentlich mit VVT-Bus Nr. 4206 von Imst-Terminal Post bis zur Haltestelle Tarrenz-Gemeindeamt. Dann geht es noch 20 Minuten zu Fuß zum Knappendorf (beschilderter Wanderweg).

Kontakt: Knappenwelt Gurgltal, Tschirgant 1, 6464 Tarrenz
Tel.: +43/(0)5412/63023; E-Mail: office@knappenwelt.at
Öffnungszeiten: Geöffnet vom 1. Mai bis zum 31. Oktober,
Di bis So von 10 bis 17 Uhr. Mo Ruhetag.
Website: *www.knappenwelt.at*

Die „Knappenwelt Gurgltal" bei Tarrenz

AUF DRACHENTOUR AM JUWELENWASSER

10

Zum Seeben- und Drachensee ab Ehrwald

Im Außerfern soll ein fürchterlicher Drache am Grund eines Sees schlummern. Er zeigt sich kundigen Wanderern, vor allem aber neugierigen Kindern erst nach einiger Suche. Eine Wanderung zu zwei smaragdfarbenen Seen ist aber auch ohne Drachensichtung ein Erlebnis.

Das Außerfern ist wie der Name sagt die Region „außerhalb des Fernpasses", sprich außerhalb des Tiroler Inntals. Locker formuliert besteht das Außerfern eigentlich aus dem Bezirk Reutte. Und Reutte wiederum liegt an der nordwestlichen Grenze Tirols zu Bayern. Wenn man auch noch weiß, dass die Zugspitze der beherrschende Berg dieser Region ist, erahnt man ihre Wertigkeit vor allem für unsere deutschen Nachbarn. Wie dem auch sei: Im Außerfern warten zwei einzigartige Gebirgsseen darauf, entdeckt zu werden: Seeben- und Drachensee sind schon aufgrund ihrer Wasserfärbung ein außergewöhnliches, opulentes Farbspektakel. Der Drachensee birgt zudem ein dunkles Geheimnis. Er soll einen Lindwurm beherbergen, der die Seelen von Verdammten bewacht, denen Jux und Tollerei, Gier und Habsucht, Wollust und Hoffart zu Lebzeiten wichtiger waren als ein gottesfürchtiges Leben. Der Drache ruht am Grund des Sees und wird besonders von Kindern sehr gern und rasch entdeckt.

Die Drachentour beginnt auf der Ehrwalder Alm, die im Sommer auch per Sessellift von Ehrwald-Ort aus zu erreichen ist. Der Aufstieg führt zuerst durch sanfte Almwiesen, vorbei an grasenden Kühen. Immer im Schatten des Zugspitzmassivs, das seine zerklüfteten Felsnadeln bizarr in den Himmel streckt. Genau gegenüber der Ehrwalder Alm liegen Seeben- und Drachensee auf zwei Höhenstufen an der Nordseite der Mieminger Kette. Kurze Zeit führt der Aufstieg durch das obere Gaistal. Es ist jenes Tal, das der berühmte deutsche Schriftsteller Ludwig Ganghofer (1855–1920) so sehr liebte, dass er einen seiner berühmtesten Romane hier ansiedelte: „Das Schweigen im Walde". Vorbei an der Seebenalm erreicht man nach einer rund zweistündigen, leichten Wanderung den türkis, smaragdgrün und blau schimmernden Seebensee auf 1668 Metern Seehöhe.

40

Einzigartig, ja, irgendwie sogar bedrohlich wirken von hier aus die steil aufragenden Bergspitzen der Mieminger Kette. Vor allem die Sonnenspitze und der Drachenkopf beherrschen die Szene und spiegeln sich im Seebensee. Der Drachensee indes zeigt sich noch nicht. Er liegt auf der nächsten Höhenstufe, auf der auch eine bekannte Alpenvereinshütte liegt: die Coburger Hütte.

Der Aufstieg zum Drachensee gestaltet sich etwas schweißtreibender als jener zum Seebensee. In engen Serpentinen windet sich der Fußpfad höher, vorbei an Latschen, Lärchen und Blumenwiesen. Atemberaubend – das Wort darf hier durchaus strapaziert werden – ist der Ausblick auf das Wettersteingebirge mit der Zugspitze und den kleiner werdenden Seebensee. Von hier oben gleicht er einem blau schimmernden Juwel, eingefasst von sanft zu seinen Ufern abfallenden Wäldern und Wiesen.

Mit dem Erreichen der Coburger Hütte auf 1917 Metern Seehöhe nach dem rund 45 Minuten dauernden Aufstieg ist quasi ein Basislager erreicht, von dem aus weitere, ganz wunderbare Wanderungen möglich sind. Wie zum Beispiel jene über die Mieminger Kette nach Obsteig, hoch über dem Tiroler Inntal gelegen. Oder die anspruchsvolle Begehung der Sonnenspitze mit abschließendem Abstieg nach Biberwier.

Für die „Jäger des versteckten Drachens" wesentlich interessanter ist der Drachensee selbst, der, einem Vulkansee ähnlich, in einer tiefen Mulde blaugrün schimmert. Und nun ist nicht mehr allzu viel Fantasie gefordert, um den am Seegrund lauernden Drachen zu erkennen. Er hat sich hier schlangengleich eingenistet, um die Seelen vieler böser Menschen zu bewachen und sie am Entkommen zu hindern.

Info

Anreise: Von Ehrwald entweder zu Fuß oder mit dem Sessellift auf die Ehrwalder Alm. Fahrbetrieb von Mitte Mai bis Ende Oktober. Der Fußweg beginnt bei der Talstation des Sessellifts. Die Zufahrt mit Pkw oder öffentlichen Verkehrsmitteln ist nicht möglich.

Wanderung: Die Strecke ist rund zehn Kilometer lang und überwindet knapp 700 Höhenmeter. Aufstieg über Ehrwalder Alm, Seebensee bis zur Coburger Hütte und dem Drachensee. Gehzeit: rund 4,5 Stunden

Website: *www.coburgerhuette.at*

42

VON TAPFEREN RITTERN UND SCHWANKENDEN STEGEN

11

„Burgenwelt Ehrenberg" und Rekord-Hängebrücke

Wer in der Ehrenberger Klause südlich von Reutte zum Himmel blickt, erschrickt. Früher war es die Höhenburg Ehrenberg auf 1100 Metern Höhe, die den Menschen kalte Schauer über den Rücken gejagt hat. Heute ist es die längste Hängebrücke ihrer Art, die schon beim Betrachten für einen Schwindelanfall sorgt.

Ehrenberg liegt an einer im Mittelalter strategisch äußerst wichtigen Stelle: an der Nord-Süd-Verbindung über den Fern- und Reschenpass. Schon die Römer passierten die sogenannte Klause, die seit jeher als Kontroll- und Zollstation der jeweils Mächtigen gedient hatte. An Ehrenberg gab es kein Vorbeikommen, ob es nun Händler, Gaukler oder Soldaten waren, die durchziehen wollten. Heute ist Ehrenberg ein Aushängeschild des Außerfern mit der Ambition, den Touristen das Mittelalter und die herausragenden Naturschönheiten der Region zu präsentieren.

Als Geburtsstunde der mächtigen Festung in der Ehrenburger Klause bei Reutte gilt das Ende des 13. Jahrhunderts. Permanente Vergrößerungen und Verstärkungen wurden bis 1782 durchgeführt. Dann war schlagartig Schluss. In diesem Jahr ordnete Kaiser Joseph II. an, alle Tiroler Festungen mit Ausnahme Kufsteins aufzulassen. Die Festungen wurden verkauft und als Steinbrüche ausgeschlachtet. Die Burganlage war dem totalen Verfall preisgegeben, bis Mitte des 20. Jahrhunderts dann doch noch begonnen wurde, deren letzte Reste in die Gegenwart herüberzuretten. Das sehenswerte Ergebnis ist die „Burgenwelt Ehrenberg", eine höchst beeindruckende Zeitreise zurück in die dunkle Zeit des Mittelalters. Als „Sahnehäubchen" wurde mit modernster Technik eine spektakuläre Hängebrücke zwischen zwei Brückenköpfen geschlagen, die die Ehrenberger Klause einst beherrscht hatten.

Die Rundwanderung zur Ruine beginnt in der Klause. Der Aufstieg durch einen alten Mischwald auf die Ruine Ehrenberg ist kurzweilig und dauert nur rund eine halbe Stunde. Oben angekommen, kann man sich das Leben der Ritter, der Burgfräulein und deren Bediensteter vorstellen. Es war alles andere als lustig oder gar luxuriös. Von hier aus reicht jedoch der Blick weit über die Stadt Reutte hinaus ins deutsche Alpenvorland. Wer sich umsieht, erblickt oberhalb

44

von Ehrenberg weitere Gemäuer: die Festungsanlage am Schlosskopf. Sie ist eine Folge der technologischen Entwicklung von Kriegswaffen. Im 18. Jahrhundert war es unerlässlich, Kanonen zu Verteidigungszwecken einzusetzen. Also wurde eben eine neue Anlage für 16 Kanonen konzipiert und gebaut. Wer sich auf die Spur der Ritter begeben will, hat in Ehrenberg die allerbesten Voraussetzungen. Was sich damals abgespielt hat, ist in einer sehenswerten Ausstellung in der Klause präsentiert. In 14 Räumen werden 14 verschiedene Themen der Ritter- und Burgenzeit aufgegriffen und spannend präsentiert. Eine weitere Attraktion Ehrenbergs ist die Naturausstellung „Der letzte Wilde", eine Hommage an den Lech, den letzten Wildfluss im nördlichen Alpenraum. Eine hochmoderne technische Einrichtung stiehlt ihren mittelalterlichen Kollegen jedoch die Show: eine Hängebrücke mit dem Namen „highline179". Laut „Guinness-Buch der Rekorde" ist sie die „längste Fußgängerhängebrücke im Tibet Style". „Aber weshalb wurde die Hängebrücke in dieser Burgenwelt überhaupt errichtet?", fragen sich nicht wenige Besucher. Ganz einfach: Sie verbindet Ehrenberg mit dem „Fort Claudia" auf der rund 400 Meter entfernten anderen Talseite. Das heißt deshalb so, weil die Tiroler Landesfürstin Claudia von Medici (1604–1648) die Auftraggeberin der Befestigung war. Diese wurde erst im 17. Jahrhundert angelegt, weil Ehrenberg über diesen Hügel umgangen werden konnte.

Die Überquerung der Klause auf der 1,2 Meter breiten Hängebrücke in einer Höhe von 114 Metern ist dann doch etwas gewöhnungsbedürftig. Aber man verlangt den Touristen nicht zu viel ab. Aber Mut war immer schon eine Tugend in dieser Gegend. Und insofern ist die Überquerung der Brücke quasi eine Hommage an die Rittersleut, die einst hier hausten.

Info

Anreise: Parkplätze in der Ehrenberger Klause vorhanden.
Öffentlich: mit dem VVT-Bus Nr. 4250 von Reutte bis zur Haltestelle „Burgenwelt Ehrenberg". Reutte erreicht man wiederum mit den ÖBB von Innsbruck über Garmisch.
Kontakt: Burgenwelt Ehrenberg, Klause 1–5, 6600 Reutte
Tel.: +43/(0)5672/62007; E-Mail: info@ehrenberg.at
Öffnungszeiten: Mit Ausnahme einer Betriebsruhe im November ganzjährig geöffnet (siehe Homepage)
Website: *www.ehrenberg.at*, Hängebrücke: *www.highline179.tirol*

ZU FUSS ÜBER DEN FERNPASS

Auf der Via Claudia Augusta von Nassereith nach Lermoos

Es ist ein seltsames Gefühl, wenn man sich in Nassereith aufmacht, um den Fernpass zu Fuß zu erklimmen und nicht wie sonst mit dem Auto zu überqueren. Man wandert entlang der römischen Heerstraße Via Claudia Augusta, benannt nach dem „Bauherrn" Kaiser Claudius, die einst Venedig mit Augsburg verbunden hat.

Der Fernpass ist nur allzu gut aus dem Verkehrsfunk bekannt. Immer, wenn halb Deutschland Ferien hat oder ein langes Wochenende dräut, herrscht dort Schritttempo. Zusammen mit dem Reschenpass gehört er zu den alpinen Flaschenhälsen zwischen Süddeutschland und Norditalien. Mehr noch: Die dortigen Staus machen rund 14 Prozent der gesamtösterreichischen Stauanzahl aus. Ein absoluter Spitzenwert! Aber das alles ist Fußgängern und Radfahrern am Fernpass sehr egal. Einst zogen hier grimmige Legionäre, geldgierige Händler und allerlei Fußvolk gen Norden oder Süden. Heute radeln und wandern Menschen aus vielen Nationen über den Pass. Die Via Claudia ist in den vergangenen Jahren vom Geheimtipp zu einer der beliebtesten Radfahrstrecken Tirols geworden.

Von Nassereith aus verläuft der Weg abseits der verkehrsintensiven Straße ruhig und sanft ansteigend bis zum Fernsteinsee. Wetterglück vorausgesetzt, kann man auch das einzigartige Farbenspiel des Sees bewundern, das permanent zwischen Grün, Türkis und Blau changiert. Schon beim Aufstieg wird klar, dass der Fernpass noch relativ „jung" ist. Er liegt auf einem riesigen, heute noch leicht zu erkennenden Schutthaufen. Vor etwas mehr als 4000 Jahren donnerte ein riesiger Bergsturz von den Bergrücken herunter, füllte die Täler auf und wurde damit zu einer natürlichen Barriere für Mensch und Tier.

Die Landschaft wird von einem zinnenbewehrten, bemerkenswerten Ge- **47** bäude dominiert: der Burg Fernstein. Besonders schön ist die Passage des Schlosses. Auch moderne Menschen können sich diesem mittelalterlichen Ambiente nicht entziehen. So musste es gewesen sein, wenn man als Pilger, Händler oder Bettler des Weges kam und die kahle Burgmauer sah.

Nach dem Passieren der mittelalterlichen Zoll- und Mautstation verläuft der Weg etwas steiler und auf felsigem Untergrund. Hier sind noch die Wagenspuren der Pferdekarren zu sehen, die sich in all den Jahrhunderten tief in den Felsen eingegraben haben. Das Tal öffnet sich nun, die Berge der Mieminger Kette türmen sich nahe der Passhöhe gut sichtbar auf. Im Mittelalter war es üblich, sich für einen unbeschadeten Aufstieg in einer Kapelle bei Gott zu bedanken. Deshalb ist es auch kein Wunder, dass das kleine Gotteshaus am Wegesrand den „Heiligen 14 Nothelfern" geweiht ist. Aber nicht nur die Christen huldigten hier ihren Heiligen, schon die Römer bauten am Scheitelpunkt des Fernpasses eine Gebetsstätte. Vermutlich hat es hier einen kleinen Tempel gegeben, nach dessen Überresten Archäologen schon seit Jahren suchen.

An diesem Scheitelpunkt beginnt der „Außerfern". Der Weg führt durch den Bergsturz hinab zum Blindsee. Ab dem Weißensee, der eine halbe Stunde weiter talwärts passiert wird, beherrscht der höchste Berg Deutschlands die Szenerie: die Zugspitze, die auf einem mächtigen Felsmassiv thront. Bei Biberwier öffnet sich das Tal, das Zugspitzmassiv und die bizarren Kalkformationen der Mieminger Kette bilden jetzt ein beeindruckendes Panorama. Zum Abschluss der Tour bewundern wir noch die Technik vergangener Zeiten: Vor Lermoos durchquerte die Via Claudia ein Sumpfgebiet, das die Römer mittels einer in Europa einzigartigen „Prügelstraße" durchquerten: Holzstämme wurden im Untergrund verlegt und mit einer Kiesschicht versehen. Fertig war die Sumpf-Ponton-Brücke.

Info

Anreise: Mit dem Auto nach Nassereith bis zur Raststätte Nassereith. Besser aber öffentlich mit dem VVT-Bus von Imst (Bus Nr. 4206) oder von Innsbruck (Bus Nr. 4176). Dann den Schildern „Via Claudia" folgen. Wer nicht bis nach Lermoos wandern will, kann am Fernsteinsee (Bushaltestelle Hotel Fernpasshöhe) oder in Biberwier (Haltestelle Kirchplatz) einen Bus zur Weiter- oder Rückfahrt nehmen.
Website: *www.viaclaudia.org*

IN DER ALPINEN ZEITKAPSEL

13

Die „Genuss-Hütte" Gampe Thaya bei Sölden

Wer Sölden sagt, denkt an Skifahren, Jubel, Trubel, Heiterkeit. Das stimmt so nicht ganz. Denn hier liegt auch jene Alm, die auf eine wohltuende Art zur regionalen und kulinarischen Zeitkapsel geworden ist: die Gampe Thaya.

Man glaubt es kaum: eine echte, urtümliche Alm, hoch in den Ötztaler Alpen bei Sölden, weit weg von der lärmenden und alkoholschwangeren Partyzone. Auf 2000 Metern Seehöhe, quasi auf dem Weg nach Hochsölden, halten Daniela und Jakob Prantl mit ihrer Familie jene althergebrachten Traditionen hoch, die das Ötztal einst zu einem romantischen Sehnsuchtsziel machten. Traditionen, die von vielen Menschen wieder herbeigesehnt werden. Auf der Gampe Thaya hat man den Eindruck, noch den allerletzten Zipfel einer imaginären Ötztaler „Urromantik" in Händen zu halten. Scheint es doch auf den ersten Blick so, als ob hier oben die Zeit stehen geblieben wäre. Konserviert im knorrigen, verwitterten Holz der Hütten. Kein Lärm, keine aus Lautsprechern wummernden Bässe, kein Stress, keine Hektik. Und wenn es sich gar nicht mehr vermeiden lässt, wirft Jakob Prantl für seine Gäste sein Dampfradio an. Der einzige Sender: Radio Tirol. Das einzige Programm: volkstümliche Musik, bisweilen Volksmusik.

Wie es sich für eine echte Alm gehört, ist die Gampe Thaya im Sommer nur zu Fuß erreichbar. Im Winter kommt man auch mit den Skiern hin, denn die Gampe liegt an der Piste Nummer 11 (Langeggbahn) des Söldener Skigebietes. Die Autos bleiben jedenfalls am Parkplatz, der etwa zwei Kilometer unterhalb der Gampe-Alm direkt neben der Straße nach Hochsölden liegt. Die Alm ist von hier aus nach einem etwa halbstündigen, leicht ansteigenden Spaziergang auf einer breiten Forststraße selbst mit Kinderwägen oder Rollstuhl erreichbar. Eine weitere Warnung ist angebracht: Wer Cola, Burger, Pizza oder Pommes auf der Gampe Thaya sucht, ist fehl am Platz. Fast Food gibt's hier nicht. Die Gampe Thaya ist nicht umsonst die erste „Genuss-Hütte" im Ötztal.

Und Jakob Prantl? Der ist eigentlich zuallererst ein Bergbauer, dann Senner und erst zuletzt Wirt. Die Kuhglocken in der Almhütte sind ebenso wenig Dekoration wie die zahlreichen Urkunden. Jakob ist zu alldem ein erfolgrei-

50

Jakob Prantl

13

cher Züchter und stolz auf seine „Grauen Tiroler Rinder", deren Glocken er außerhalb der Almsaison stolz im Gastbereich der Gampe aufhängt.

Wenn man in Tirol von einer echten Alm spricht, meint man eine „Kaasalm". Und das ist die Gampe Thaya. Zwischen 14 und 20 Rinder verbringen den Sommer auf der Gampe. Die „Almauffahrt" und noch mehr die „Abfahrt", der Almabtrieb, sind für die Familie Prantl ein Großereignis, ganz so, wie es im Ötztal immer war. Aus der exzellenten Milch der „Tiroler Grauen" fertigt Jakob in seiner kleinen Sennerei neben dem Almhaus täglich vollfetten Rohmilchkäse. Und der ist so gut, dass er auf der Käseolympiade in Galtür bereits tolle Preise eingeheimst hat. Den von ihm im Sommer hergestellten Käse offeriert er natürlich auch seinen Gästen auf der Alm.

Zwei weitere Standbeine der Speisekarte auf der Gampe Thaya stammen ebenfalls aus eigener Produktion: das von der Familie Prantl Jahr für Jahr selbst „eingezettelte" Sauerkraut und die selbst gemachte Hauswurst vom Tiroler Grauvieh. Wer diese beiden Köstlichkeiten einmal zusammen probiert hat, weiß, wie gut es früher geschmeckt hat. Ganz zu schweigen von den „Schälfelar", den Erdäpfeln in Schale mit Bauernbutter oder dem Gampe-Kaas-Fondue.

13

Anreise: Von Sölden taleinwärts bis zur Abzweigung „Gletscher", dort rechts abbiegen. Weiter rund 4 Kilometer bis zur Kreuzung Gletscher/ Hochsölden, rechts weiter rund einen Kilometer in Richtung Hochsölden. Bei der Kreuzung Zwieselbach links parken und in 30 bis 35 Minuten bis zur Gampe wandern. Leider gibt es keinen öffentlichen Zubringer. In den Sommermonaten verkehrt ein VVT-Bus von Sölden nach Hochsölden. Mit ihm ist es möglich, von Sölden-Postamt zur Abzweigung „Gampe" zu fahren.
Kontakt: Gampe Thaya, Postfach 12, 6450 Sölden
Tel.: +43/(0)664/1972544; Hüttentelefon: +43/(0)664/2400246
E-Mail: info@gampethaya.at
Öffnungszeiten: Ende November bis Mitte April und Mitte Juni bis Anfang Oktober, Di bis So von 8:30 bis 18 Uhr (Montag Ruhetag).
Website: *www.gampethaya.riml.com*

Die „Genuss-Hütte" Gampe Thaya bei Sölden

ÖSTERREICHS HÖCHSTGELEGENE BERGBAUERNHÖFE

14

Die Rofenhöfe im Hinteren Ötztal

Die Strecke von Vent auf die Rofenhöfe im hintersten Ötztal ist wie ein Spaziergang durch ein außergewöhnliches Freiluftmuseum. Über grüne Matten geht es an Skulpturen vorbei zu den höchstgelegenen, ganzjährig bewirtschafteten Bauernhöfen Österreichs.

Das Ötztal ist mit dem Jahrtausendfund der Mumie vom Similaun so richtig berühmt geworden. Wie sich herausstellte, war Ötzi offenbar vom Schnalstal kommend auf dem Weg ins heutige Vent. Was kaum verwundert, wenn man weiß, dass die Landschaft um das heutige Bergsteigerdorf schon in der Steinzeit ein beliebtes „Feriendomizil" gewesen ist. Hier wurden regelrechte Sommerlager abgehalten, um an die dringend benötigten Felle und Geweihe zu kommen. Wozu die Felle dienten, ist klar, aber weshalb Geweihe? Diese wurden zur Herstellung von Steinwerkzeugen benötigt. Einer dieser prähistorischen Rastplätze liegt direkt am Spazierweg zu den Rofenhöfen.

Die Tour startet am Ortsausgang von Vent. Nach der Überquerung des Nederbaches fühlt man sich wie in einer Kunstgalerie. Skulpturen säumen von jetzt an den Weg zu den Rofenhöfen. Von „Land-Art" bis zu klassischen Bildhauerobjekten kann man sich die Werke der „Hochalpinen Freiluftgalerie Rofental" zu Gemüte führen. Auffallend sind aber die riesigen Steinblöcke, die am Beginn des Weges, wie von einem Titanen wahllos verstreut, die Landschaft prägen. Mittendrin der Nachbau eines steinzeitlichen Jägerlagers, das im Zuge der Forschungen nach dem Ötzi-Fund entdeckt worden war. Hier saßen sie also vor Tausenden Jahren, die Sammler und Jäger, die in dieser wunderbaren Umgebung ihre Pfeilspitzen schärften, Pfeile, Messer und Fleischschaber aus Silex (Feuerstein) schlugen oder ihre Bögen reparierten.

54 Vom Steinzeitlager aus geht es langsam bergan. Man könnte die „Bartebene", wie sie von den Einheimischen genannt wird, durchaus mit einem riesigen Golfplatz verwechseln, der hin und wieder mit Zirben dekoriert ist. Bächlein, die gurgelnd zur Venter Ache streben, unterbrechen bisweilen die grüne Fläche, deren Gras auch einem englischen Rasen alle Ehre machen

14

würde. Nach rund einer halben Stunde erreicht man dann eine Hängebrücke, die auf die andere Seite der Ache zu den Rofenhöfen führt. Sie wurde 1967 erbaut, ist insgesamt 46 Meter lang und überquert die Rofenschlucht in einer Höhe von 31 Metern. Auf den Höfen angekommen, sticht vor allem das Gasthaus Rofenhof heraus. Das Gebäude darf in mehrlei Hinsicht als historisch betrachtet werden, spielte es doch im Jahre 1415 – glaubt man den Berichten – eine wichtige Rolle. Hier fand angeblich der zerlumpt aussehende Herzog Friedrich IV. (1382–1439), genannt „Friedl mit der leeren Tasche", Unterschlupf. Er musste vom Konzil in Konstanz bei Nacht und Nebel und im Gewand eines einfachen Bauern fliehen. Ein Umstand, der auf der Hausmauer des Gasthofs natürlich malerisch verewigt worden ist. Aber auch die Bewohner dieses Hauses schrieben Geschichte. Mehr als 400 Jahre später war es Leander Klotz, der 1848 als erster den höchsten Berg Tirols, die 3770 Meter hohe Wildspitze, bestieg. Und dann ist da noch die legendäre „Geier-Wally", die angeblich auch auf die Rofenhöfe geflüchtet war, nachdem sie von Gendarmen aus dem Ötztal verfolgt worden war. Die Tatsache, dass die Höfe über ein Asylrecht verfügten, verhinderte dann aber angeblich ihre Verhaftung.

Dass auf den Rofenhöfen die besten Tiroler Knödel des Landes serviert werden, wird von vielen Feinschmeckern stur und steif behauptet. Verantwortlich für diesen Ruf ist Anni Klotz, die schon zu Lebzeiten legendäre Rofen-Wirtin.

Info

Anreise: Nach Vent mit dem Auto oder besser mit dem VVT-Bus Nr. 4194 oder 8352 und von Ötztal-Bahnhof mit Umsteigen in Sölden. Weiterfahrt nach Vent mit VVT-Bus Nr. 8400 bis zur Endstation Vent Hotel Similaun. Der Wanderweg zu den Rofenhöfen beginnt am Ortsende bei der Brücke über den Nederbach. Man kann aber auch mit dem Auto dorthin gelangen, die Straße zu den Rofenhöfen ist ausgeschildert.
Öffnungszeiten: Das Gasthaus Rofenhof ist ganzjährig von 11 bis 21 Uhr geöffnet.
Website: *www.vent.at/kunstweg*

TRANSHUMANZ

Mit den Schafen über den Similaunpass

Tausende Schafe ziehen mit ihren Hirten Jahr für Jahr im Frühsommer von Südtirol aus auf die hoch gelegenen Weiden im Tiroler Ötztal und kehren Mitte September zurück. Diesen Schaftrieb einmal im Leben zu begleiten gehört ganz sicher zum „Initiationsritus" eines echten Tirolers.

Anfang Juni steigt wie jedes Jahr im Südiroler Schnalstal die Stimmung. Pünktlich im Frühsommer – meist um den 10. Juni herum – bereitet sich das Tal auf ein Schauspiel vor, das es in den Alpen nirgendwo besser zu bewundern gibt. In Vernagt und Kurzras, am Ende des Schnalstals gelegen, treffen sich dann zwischen 2500 und 4000 Schafe zu einem der außergewöhnlichsten und ältesten Almauftriebe der Alpen: zur Transhumanz auf die baumlosen Hochweiden des Hinteren Ötztals bei Vent. Viele Tiere haben schon einen sehr anstrengenden Marsch von Schlanders über das zu dieser Jahreszeit noch meist mit Schnee bedeckte Taschenjöchl hinter sich.

Das Wort Transhumanz kommt aus dem Französischen und bedeutet „auf die Gebirgswiese führen". Dieser letzte Rest einer aussterbenden, uralten bergbäuerlichen Tradition war in früheren Tagen eine Frage von Leben und Überleben in den Alpen. Aus den damals trockenen Tälern südlich des Alpenhauptkamms zogen die Bauern schon in prähistorischer Zeit für einige Monate lang auf die saftigen Wiesen der wetterzugewandten Alpennordseite. So ist es auch kein Wunder, dass Abmachungen über die Weiderechte der Schnalser Bauern zu den ältesten Dokumenten dieser Art in Tirol gehören. 1357 wurden diese Rechte schriftlich fixiert, 1415 sogar ein Vertrag über den Zeitraum Mitte Juni bis Mitte September geschlossen.

Der „Schafübertrieb", wie er in Südtirol genannt wird, startet im Schnalstal jeweils an einem Samstag in der ersten Junihälfte. Schon am Vorabend sind Tausende Schafe aus dem Vinschgau in Vernagt und Kurzras eingetroffen, um am darauffolgenden Tag quasi die „Königsetappe" in Angriff zu nehmen. Ab **57** fünf Uhr früh hört man das Bimmeln der Glöckchen, wenn sich die Schafe mit ihren Hirten in mehreren Gruppen und zeitlich versetzt auf den Weg machen. Die Transhumanz führt auf zwei unterschiedlichen Strecken und in zwei getrennten Gruppen auf die saftig-grünen Hochweiden oberhalb des Ötztaler

Bergsteigerdorfes Vent: einmal über das 3000 Meter hoch gelegene Niederjoch, vorbei an der Similaunhütte in unmittelbarer Nähe der Similaunspitze. Die zweite Route führt über Kurzras und die „Schöne-Aussicht-Hütte" auf das Hochjoch in 2770 Metern Höhe und weiter zu den Rofenbergen im hintersten Winkel des Ötztals. Imposant ist vor allem der Aufstieg durch das Tisental auf das Niederjoch, auch Similaunpass genannt. Vorbei an uralten, majestätischen Bergbauernhöfen wie den Tisenhöfen, die bereits 1308 urkundlich erwähnt wurden, ziehen Schafe, Ziegen und Hirten bergwärts. In Richtung einer mächtig aufragenden Felswand am Talende, die von Tier und Mensch durchstiegen werden muss. Just auf diesem Weg ist auch „Ötzi", der „Mann im Eis", gegangen, bevor er etwas oberhalb des Niederjochs auf dem Tisenjoch ermordet worden ist.

Selbst die bergtauglichen Schafe – es handelt sich vor allem um braune Tiroler Bergschafe und Tiroler Steinschafe – brauchen beim Aufstieg auf den 3000 Meter hohen Similaunpass mehrere Pausen. Mit vielstimmigem Geblöke wird dann der letzte Anstieg gemeistert. Erst wenn die Tiere mit ihren Hirten das Joch erreicht haben und vor der Similaunhütte liegen, weicht die Aufregung von Tier und Mensch einer tiefen Zufriedenheit. Die Schafe rasten nun ein letztes Mal vor dem Abstieg in das Niedertal bei Vent. Die Belohnung für all die Mühen: Das Panorama am Niederjoch ist einzigartig. Im Süden die Südtiroler Berge, im Norden das Ötztal und im Osten der schneebedeckte Gipfel des Similaun. Das Ziel von Tier und Mensch ist nun fast erreicht: die „Kaser" oberhalb von Vent. Ein mystischer Platz mit Steinsetzungen, einer Anna-Kapelle und einem der schönsten Menhire Tirols.

Von den Bauern und Hirten geduldet, kann man die Transhumanz begleiten, sofern man sich unauffällig hinter den Herden einreiht. Es muss jedoch gesagt werden, dass die Transhumanz einer mittelschweren Bergwanderung entspricht, die gute Ausrüstung und vor allem Schwindelfreiheit erfordert.

Info

Anreise: Mit dem Zug nach Naturns in Südtirol (Vinschgau) und weiter nach Vernagt ins Schnalstal mit dem Bus vom Bahnhof Naturns.
Abreise: Von Vent bis Ötztal-Bahnhof mit dem VVT-Bus Nr. 8400.
Kontakt: Tourismusverein Schnalstal, Karthaus 42, I-39020 Schnals
Tel.: +39/(0)473/679177; E-Mail: info@schnalstal.it
Website: www.schnalstal.com

15

ZEHNTAUSEND JAHRE WAIDMANNSHEIL

16

Das Sommerlager der Steinzeitjäger im Fotschertal

Schon vor mehr als 10.000 Jahren zogen Jäger der Mittleren Steinzeit Sommer für Sommer ins Fotschertal, einem Seitental des Sellraintals. Auf den Spuren von „Ötzis" Vorfahren führt eine beeindruckende Wanderung zu prähistorischen Fundstellen.

Bis zur Entdeckung von Ötzi, dem Mann aus dem Eis, gingen die Meinungen der Experten auseinander. Die einen behaupteten, die Alpen seien ob ihrer Unwirtlichkeit und Wildheit von den Menschen der Vorzeit kaum oder gar nicht begangen worden. Andere vertraten die Ansicht, dass die Alpen als jahrtausendealter Kulturraum auch schon von prähistorischen Menschen genützt wurden. Letztere haben ganz offensichtlich recht behalten. Woher die steinzeitlichen Jäger im Sellraintal stammten, ist nicht mehr genau rekonstruierbar. Aber woher ihre Silex-Steine stammten und was sie damit taten, ist mittlerweile gut erforscht.

Auf den Spuren der Steinzeitjäger geht es Richtung Sellraintal. Es reicht ausgehend vom Inntal von Kematen bis nach Kühtai, dem Skidorado auf 2000 Metern Seehöhe. Eines seiner Seitentäler ist das Fotschertal. Es erstreckt sich vom Ort Sellrain aus nach Süden. Zu Fuß erreicht man das legendäre „Bergheim Fotsch" nach etwa eineinhalb Stunden. Wer in Richtung Potsdamer Hütte weiterwandert, passiert nach rund einer Stunde Fußmarsch links des Weges jene Stelle, die von den Einheimischen „Riegelschrofen" genannt wird, und wo ab 1995 eine Ausgrabung sensationelle Ergebnisse lieferte. Unmittelbar danach führt ein kleiner, kaum sichtbarer Pfad zum höchsten Punkt der Erhebung, dem Ullafelsen. Hier befand sich das steinzeitliche Sommerjagdrevier.

Man muss sich nun vor Augen halten, dass die Menschen vor 10.000 Jahren sich einen Weg durch die nacheiszeitliche Wildnis bahnen mussten. Wege im heutigen Sinn existierten nicht, hie und da gab es Trampelpfade. **60** Zuerst ging es durch die breiten, meist von Flüssen geformten Täler. Die Frage, wie genau es die Steinzeitjäger schafften, breite Flüsse zu überwinden, ist nach wie vor nicht geklärt. Es gelang jedenfalls, das belegen auch die Funde im Fotschertal. Dann mussten sie noch Wege durch die engen Täler ins Gebirge finden, damals noch eine totale Wildnis.

Der Ullafelsen

16

Wer die ebene Fläche auf dem sogenannten Ullafelsen erreicht hat, weiß, weshalb die Steinzeitjäger während des Sommers genau hier gesessen sind. Hier pflegten sie ihre Waffen und ließen es sich vermutlich gutgehen. Aber eine Eigenschaft dieses Platzes war mehr wert als alles andere: Von hier aus hatten die Jäger einen wunderbaren Überblick über das ganze Tal. Sie konnten in aller Seelenruhe die Wildwechsel beobachten und ihre Jagdstrategie danach ausrichten.

Der Ullafelsen liegt auf rund 1800 Metern Seehöhe. Erste Pionierpflanzen wie Birken und vor allem Zirben stießen nach der Eiszeit bereits in größere Höhen vor. Eine weitere Erwärmung hatte aber zur Folge, dass dieser Platz rund 1000 Jahre später von den Jägern nicht mehr aufgesucht wurde. Der vermutliche Grund: Bäume wie Fichten, Latschen und Zirben verstellten jetzt die freie Sicht auf Hirsch, Steinbock und Gams.

Archäologische Forschungen wie jene im Fotschertal eröffnen neue Perspektiven. Das vielleicht interessanteste Ergebnis ist die Frage nach der Herkunft der hier gefundenen Silex-Steine, die im Volksmund auch Feuersteine genannt werden. Sie stammen einerseits aus der Gegend von Bozen und andererseits aus dem bayerischen Alpenvorland. Ein Bohrer aus Bergkristall stammt sogar aus dem Zillertal. Also funktionierte schon damals ein quasi internationaler Handel oder die Jäger kamen von dort. Und wie ist es möglich, das Alter dieses Jagdlagers zu eruieren? Am Ullafelsen wurde auch die Feuerstelle der Jäger gefunden und mithilfe der C14-Methode altersbestimmt. Es ist sicher, dass der Platz vor 10.000 Jahren von Menschen aufgesucht worden war.

Info

Anreise: Mit dem Auto kann zum Gasthof Bergheim gefahren werden, dort steht auch ein Parkplatz zur Verfügung. Öffentlich erfolgt die Anreise mit dem VVT-Bus Nr. 4166 bis Sellrain, Haltestelle Gasthof Neuwirt. Von dort zuerst zu Fuß zum Bergheim Fotsch und anschließend in Richtung Potsdamer Hütte zum Ullafelsen.
Website: Die Website von Univ.-Prof. Dieter Schäfer ist äußerst aufschlussreich: www.hochgebirgsarchaeologie.at

IMPERIALE HOCHGEBIRGSFISCHE

Die „Bergoase Forellenhof" im Sellraintal

17

Die höchstgelegene Fischzucht Österreichs befindet sich im
hintersten Winkel des Sellraintals. In dieser Gegend werden
schon seit etwa 500 Jahren Fische gezüchtet. Sie sind von au-
ßergewöhnlicher Qualität, für die das kristallklare Bergwasser
sorgt.

Verantwortlich dafür, dass im Inneren Sellrain Fische gezüchtet werden, ist
– wie so oft in Tirol – Kaiser Maximilian I. (1459–1519). Er wollte bei seinen
Jagdausflügen in den Bergen um Kühtai keineswegs auf seine Leibspeise
Fisch verzichten. Deshalb ließ er in Tümpeln und kleinen Seen in der Umge-
bung des Kühtai auf mehr als 2000 Metern Seehöhe Saiblinge und Bach-
forellen einsetzen. Biologen waren sprachlos, als sie vor einigen Jahren im
Gossenköllensee in luftigen 2413 Metern Seehöhe Bachforellen entdeckten.
Sie waren offensichtlich der letzte Rest einer Population, die auf eine Ini-
tiative Kaiser Maximilians zurückgeht. Es grenzt an ein Wunder, dass die
Population bis zum heutigen Tag überleben konnte.

Was die Fischzucht anlangt, hat der Kaiser in Alfred Schmid einen würdigen
Nachfolger gefunden. Der gebürtige Niederösterreicher ist ein ausgewiese-
ner Fischliebhaber, der seine Fischteiche just in Haggen angelegt hat. Also
in jenem Weiler nach St. Sigmund und vor Kühtai, in dem wahrscheinlich
auch Kaiser Maximilian logierte, wenn er in diesem Gebiet seiner Jagd-
lust frönte. Schmid züchtet aber auch deshalb Saiblinge, Regenbogen- und
Bachforellen, weil er keinen Steinwurf von den Fischteichen entfernt Tirols
bestes Fischrestaurant, die „Bergoase Forellenhof", betreibt. Kaum eine halbe Autostunde beziehungsweise eine Stunde mit öffentlichen Verkehrsmitteln von Innsbruck entfernt, sind Haggen und Schmids Forellenhof in den
vergangenen Jahren zu einem Geheimtipp für Tiroler Fischfreunde geworden. Und das hat seinen Grund: Die Qualität der Speisefische ist kaum zu
überbieten. Und das hat sehr viel mit der Höhe des Ortes und der Wasser- **63**
qualität zu tun.

Wenn er von seinen Fischen erzählt, leuchten die Augen des Teichbesitzers,
der eigentlich in seinem Hauptberuf Konzertveranstalter ist. „Meine Fische
wachsen in stets nachfließendem kristallklarem und sehr kaltem Bergwas-

Die „Bergoase Forellenhof" im Sellraintal

ser heran", erklärt er stolz. Was aber andererseits bedeutet, dass sie nur sehr langsam an Gewicht zunehmen. „Die Fische in meinen Teichen brauchen deshalb auch rund fünf bis sechs Jahre, um ausgewachsen zu sein." Ein gigantischer Unterschied, wenn man bedenkt, dass Forellen aus herkömmlicher Zucht gerade einmal fünf Monate alt werden, bis sie essfertig sind. Auf der anderen Seite bietet das kalte Wasser einen ganz entscheidenden Qualitätsvorteil: Schmid muss dem Futter für die Fische keinerlei Antibiotika zusetzen. Denn die Krankheitserreger können in dieser Kälte erst gar nicht überleben. Und im Winter, der in dieser Gegend länger dauert als anderswo? „Da sind die Fischteiche zugefroren", sagt Schmid. Was aber nicht weiter stört. Denn bei einer Wassertemperatur von etwa 5 °C und einer geschlossenen Eisschicht stellen die Fische für fünf bis sechs Monate das Fressen nahezu völlig ein und verlieren trotzdem kaum an Gewicht. Erst wenn das Eis geschmolzen ist, beginnt Schmid wieder mit der Fütterung. Das Thema „Omega-3-Fettsäuren" ist für den Fischzüchter von herausragender Bedeutung. Untersuchungen seiner Fische haben ergeben, dass sie rund 90 Prozent mehr dieser für den Menschen so wichtigen Fettsäure enthalten als die billigen, rasant hochgezüchteten Fische. „Omega-3-Fettsäuren beeinflussen vor allem die Psyche des Menschen, sie können bei Angst und Depressionen stimmungsaufhellend wirken. Meine Fische sind also nicht nur sehr schmackhaft, sondern haben auch sehr positive Wirkungen auf den menschlichen Organismus." Es ist eine wohl einzigartige Kombination, dass Alfred Schmids kulinarische Ambitionen den züchterischen in keiner Weise nachstehen.

Info

Anreise: Mit dem Auto ins Sellraintal bis zum Ortsteil Haggen. Öffentlich mit dem VVT-Bus Nr. 4166 von Innsbruck-Hauptbahnhof bis St. Sigmund i. S./Haggen
Kontakt: Bergoase Forellenhof, Haggen 8, 6184 St. Sigmund
Tel.: +43/(0)650/4447760; E-Mail: bergoase@gmail.com
Die **Website** *www.bergoase.at* gibt Auskunft über die Öffnungszeiten.

17

EIN KAISER IN BERGNOT

18

Zur Maximiliangrotte in der Martinswand

Als Ausläufer des Karwendelgebirges fällt die berühmte Martinswand bei Zirl mehrere Hundert Meter senkrecht ins Inntal ab. Eine Grotte mitten in der Wand war vor etwas mehr als 500 Jahren Schauplatz eines Dramas mit einem berühmten Hauptdarsteller, dem späteren Kaiser Maximilian I.

In der Nachbetrachtung ist das mittelalterliche Geschehen, wie wir es heute kennen, eine gelungene Mischung aus Fakten, Legende und kühl berechneter Inszenierung. 1484 war es, als alle Glocken des Landes läuteten und das Volk betete. Denn Maximilian saß in der Martinswand fest. Wie ein Lauffeuer hatte es sich verbreitet, dass sich der damalige Erzherzog in höchsten Nöten, ja, in Todesgefahr befand. Er hatte sich bei einer Schaujagd auf Gämsen und Steinböcke in der steilen Wand verstiegen und konnte weder vor noch zurück.

Drei Tage lang, so die Legende, habe er bis zu seiner wundersamen Errettung betend und bibbernd in der Wand zubringen müssen. Aus Angst vor ewiger Verdammnis habe er sich sogar die heiligen Sakramente von einem Pfarrer zeigen lassen, der so nahe als möglich zu ihm hingeklettert war. Dann aber sei urplötzlich ein junger Bursche erschienen, der ihm den Weg aus der Wand gewiesen habe. Im Trubel um Maximilians Errettung verschwand der Mann aber angeblich in der Menschenmenge. Der Grundstein für die Maximilian-Legende war gelegt: Würde ein Sterblicher nach einer Heldentat verschwinden? Sicher nicht. Es musste schon ein Engel des Herrn gewesen sein, der den späteren Kaiser des Heiligen Römischen Reiches aus höchster Not errettet hatte.

Zwei Dinge sollte man nun wissen: Maximilian liebte es, sogenannte „Schaujagden" zu organisieren. Bei diesen agierten die Jäger quasi wie auf einer Bühne vor allerlei adeligem und klerikalem Volk. Die jäh aufragende Wand konnte von einem Punkt aus ganz besonders gut überblickt werden: vom Martinsbühel aus, einer schon in vorgeschichtlicher Zeit bewohnten Erhebung direkt am Fuß der Felswand. Nicht umsonst ließ Maximilian in Zusammenarbeit mit dem Tiroler Herzog Sigismund „dem Münzreichen" (1427–1496) den dortigen Ansitz zu einem Jagdschloss ausbauen. Heute

18

noch wäre es spannend, die Jäger von dieser Stelle aus zu beobachten, wie sie in der Wand auf Gämsen und Steinböcke gehen. Andererseits war Maximilian ein begnadeter Selbstdarsteller, der Zeit seines Lebens versuchte, mithilfe autobiografisch gefärbter Werke sein Leben in ein möglichst heldenhaftes Licht zu rücken. Spätmittelalterliche Image- und Medienarbeit, sozusagen. „Theurdank" heißt das 1517 erschienene Werk, das die Abenteuer eines kühnen Ritters schildert, der unschwer als der junge Maximilian zu identifizieren ist. Eines dieser Abenteuer handelte von einer Schaujagd in der Martinswand.

Heutzutage ist es wesentlich gefahrloser, die riesige „Maximiliangrotte" in der Martinswand zu erreichen und auch wieder sicher zurückzukehren. Der ideale Ausgangspunkt ist das Rot-Kreuz-Heim in Zirl. Von hier aus geht es leicht ansteigend in Richtung Martinswand. Nach der Durchquerung einer „künstlichen Wand", einem Steinbruch, wird der Aufstieg etwas steiler, ist aber keineswegs gefährlich. Und bevor man sich's versieht, steigt man auf dem sehr gut abgesicherten Weg in die senkrecht abfallende Wand ein.

Beeindruckend ist die Größe der Grotte, an deren höchstem Punkt ein Kreuz angebracht ist. Die Idee dazu stammte vom Kaiser höchstselbst, der vermutlich zwischen 1503 und 1504 ein Gedenkkreuz anbringen ließ, das von der hl. Maria und dem hl. Johannes flankiert wird.

Info

Anreise: Mit dem Pkw zum gebührenfreien Parkplatz beim Gebäude des Roten Kreuzes in Zirl.
Öffentlich mit dem VVT-Bus Nr. 4123 von Innsbruck-Hauptbahnhof kommend bis zur Haltestelle Martinsbühel. Dann jeweils der Beschilderung zur Maximiliangrotte folgen. Nach einer Abzweigung quert man den Steinbruch und steigt nun zur Grotte auf. Gehzeit für die etwa 2,5 Kilometer: rund 1 Stunde, Höhenunterschied 200 Meter.
Website: *www.innsbruck.info/erleben/touren/tour/ kaiser-max-grottensteig.html*

AN TOSENDEN FLUTEN

Unterwegs am „WildeWasserWeg" im Stubaital

Wandern am Wasser? Was bisher etwas altbacken daherkam, wurde im Stubaital zu einem unglaublichen Erfolgsrezept. Die drei Etappen des „WildeWasserWegs" präsentieren gleißende Gletscherfelder, türkisblaue Gebirgsseen, tosende Wasserfälle und grandios-wilde Schluchten.

Als der leidenschaftliche Fischer Luis Töchterle, damals noch Mitarbeiter des Österreichischen Alpenvereins, vor etlichen Jahren seine Idee vom „Wilde-WasserWeg" präsentierte, rang das vielen Touristikern im Stubai nur ein mildes Lächeln ab. Seine Idee: eine attraktive Präsentation der romantischen Wildbäche des Stubaitals, die für ihn auch eine in Vergessenheit geratene natürliche Ressource des Tals sind. Mittlerweile ist die Zeit reif für Töchterles Ideen. Der Trend zu mehr Nachhaltigkeit und die zunehmende Sehnsucht nach Ruhe und Entspannung hält soeben im Tiroler Tourismus Einzug.

Die Wege sollten im Talbereich kinderwagen- und rollstuhltauglich sein und die natürlichen Wasserressourcen des Stubai quasi auf dem Serviertablett präsentieren. Die Umsetzung erfolgte innerhalb von zwei Jahren, und siehe da: Die Wege wurden zum absoluten Sommerhit. 2016 führte die Universität Köln eine wissenschaftlich überprüfte Besucherzählung durch und kam zu einem unglaublichen Ergebnis: Insgesamt 250.000 Besucher wanderten zwischen Mai und Oktober auf den einzigartigen Wegen. Deren Attraktivität besteht darin, dass jeder Besucher die Möglichkeit hat, bei den vielen Varianten eine „maßgeschneiderte" Wanderung für sich zu finden. Herzstück der Wege ist die Etappe von der Wildwasserarena in Ranalt über den Ruetz-Katarakt, die Tschangelair-Alm zum Grawa-Wasserfall und der Grawa-Alm. Diese 3,5 Kilometer lange Strecke mit einem Höhenunterschied von 120 Metern wird besonders von älteren Menschen und jungen Familien, aber auch von Rollstuhlfahrern geschätzt.

Ausgehend vom Parkplatz Ranalt führt der Weg zuerst zum wild tosenden **69** Ruetz-Katarakt. Die Wege führen hier entlang der schmalen Schlucht, in die eine kleine Besuchergalerie ragt. Staunend stehen die Besucher vor dem tosenden Naturschauspiel, das sich zu ihren Füßen abspielt. Positiv fällt die „Architektur" der Zäune auf, die zum Schutz der Besucher angebracht sind.

Sie bestehen aus Lärchenholzspelten, wie sie im Tal jahrhundertelang zum Zaunbau verwendet worden sind.

Über eine Brücke führt der Weg in Richtung Tschangelair-Alm, einer bewirtschafteten Ziegenalm. Hier sind noch immer Folgen der dramatischen Stunden des Sommers 2017 sichtbar, als ein verheerendes Unwetter den Ruetz-Fluss dermaßen ansteigen ließ, dass das Tal nur knapp einer Katastrophe entrann. Nach rund einer halben Stunde entspannter Wanderung erreicht man die urig-romantische Tschangelair-Alm.

Von der Almhütte geht die Wanderung dann weiter zum eigentlichen Herzstück des „WildeWasserWegs": dem riesigen Grawa-Wasserfall. Hier wurde eine bemerkenswerte Idee in die Tat umgesetzt. Von einer Plattform aus kann man nicht nur den gigantischen Wasserfall beobachten. Vorhandene Liegen laden zum Verweilen ein, was auch der Gesundheit dient. Denn es ist seit Langem bekannt, dass Aerosole, kleinste Wassertropfen, die sich von den herunterstürzenden Wassermassen lösen, eine sehr positive Wirkung vor allem auf die menschliche Lunge ausüben. Eine medizinische Studie schreibt dem Grawa-Wasserfall zu, die Symptome von Asthma massiv zu lindern.

Eine Attraktion für sportlichere Besucher sind zwei Aussichtsplattformen, die entlang des Wasserfalls angebracht sind. Von hier aus kann man die Wilden Wasser dabei beobachten, wie sie rauschend in die Tiefe stürzen. Der Grawa-Fall verändert im Jahreslauf sein Erscheinungsbild grundlegend. Während er im Frühsommer und während der Schneeschmelze auf der ganzen Breite zu Tal stürzt, ist er im Herbst eher schmal und ruhig. Vom breitesten Wasserfall der Ostalpen aus gelangt man dann wieder zurück zum Ausgangspunkt, nicht ohne vorher einen weiteren interessanten Wasserfall zu passieren: den Langetalerfall.

Info

Anreise: Etappe 1 beginnt beim Steinbruch in Ranalt. Parkplätze direkt an der Hauptstraße mit Beschilderung „WildeWasserWeg". Anreise mit den VVT-Bussen Nr. 590a und 590b bis zur Haltestelle „Nürnberger Hütte".

Wanderung zum Grawa-Wasserfall und Rückfahrt von der Grawa-Alm möglich. Rundwanderweg über die Tschangelair-Alm, Langetalerfall zurück zum Steinbruch in Ranalt.

Website: *www.stubai.at/aktivitaeten/wandern/wildewasserweg*

70

Luis Töchterle

wilde wasser weg

19

ZUM HEILIGEN WASSER

20

Auf den Spuren der Wallfahrer nach Maria Waldrast

Kaum eine Wallfahrt wird im Tiroler Volksglauben höher bewertet als jene nach Maria Waldrast. Doch nicht der Glaube allein zieht die Menschen an, sondern auch das Wasser des Marienbrunnens. Nicht zufällig findet sich in Maria Waldrast einer der stärksten Kraftpunkte Tirols.

Vielfältig sind in Tirol die Pfade, auf denen Gläubige seit Jahrtausenden zu Heiligen Stätten wandeln. In der Hoffnung auf Heilung, Erhörung ihrer Anliegen oder einfach als rituelles Brauchtum. Meist haben solche Pilgerfahrten ein materielles Ziel: Nicht selten sprudelt an diesen Plätzen Wasser aus einer Quelle, das als heilsam, wenn nicht sogar als wundertätig betrachtet und in Flaschen abgefüllt wird.

Der Gnadenort Maria Waldrast gehört zu den höchstgelegenen Klöstern Europas. Am Fuß der steil aufragenden Serles liegt er auf 1650 Metern Seehöhe auf einem Sattel zwischen dem Wipp- und dem Stubaital. 1407 wurde eine Kapelle an jener Stelle errichtet, an der zwei Hirten angeblich ein Marienbild gefunden hatten. 1622 begann man dann mit dem Bau der heutigen Wallfahrtskirche. Grundsätzlich kann man Maria Waldrast von zwei Seiten aus erreichen: vom Stubaital und vom Wipptal aus. Der Weg vom Wipptal ist jedoch weit interessanter und vor allem abwechslungsreicher.

Von Innsbruck aus erreicht man mit dem Zug nach einer interessanten Fahrt unter der Europabrücke hindurch nach kurzer Zeit den Bahnhof von Matrei am Brenner. Im Ortsteil Mützens beginnt dann der eigentliche Pilgerpfad nach Maria Waldrast. Nach rund 20 Minuten Gehzeit teilt sich der Weg – die Pilger folgen dann dem „Quellenweg", der vorbei an abgelegenen Bergbauernhöfen durch abgeschiedene Wälder führt. Nach rund eineinhalbstündigem Aufstieg dann ein erster Höhepunkt: das Siebenbrünnl. An dieser Stelle entspringen sieben Quellen, die den Mützener Bach speisen. Urplötzlich aus dem Hang quellend, vereinigen sie sich bereits nach wenigen Metern zum sprudelnden und gurgelnden Wildbach. Ein Naturschauspiel, das in dieser Form sehr selten zu beobachten ist.

Maria Waldrast selbst ist ein Juwel. Die Gründung des Wallfahrtsortes geht auf ein Marienwunder zurück: Um 1400 soll aus einem Lärchenstamm ein

72

Marienbild gewachsen sein, das von zwei Hirten gefunden wurde. Am Fundort errichtete man eine Kirche, die im frühen 17. Jahrhundert ausgebaut und um ein Servitenkloster erweitert wurde. Das relativ große Klostergebäude wird vom vergleichsweise zierlichen Turm der Kirche überragt. Der berühmte Brunnen ist das erste Ziel von Pilgern und Wanderern. Schon zu Zeiten der k. u. k.-Monarchie soll dieses Wasser das beste des ganzen Reiches gewesen sein. Heute noch füllen Menschen dieses unvergleichliche Wasser massenhaft in Flaschen ab, die sie dann kistenweise in ihre Fahrzeuge laden.

Aber der eigentliche „Kraftplatz" von Maria Waldrast befindet sich nicht in der Kirche und nicht beim Brunnen. Ein Nebengebäude beherbergt einen Punkt, den auch der bekannte Innsbrucker Radiästhet Univ.-Prof. Dr. Jörg Purner als außergewöhnlich betrachtet. Der Kraftpunkt ist in Form eines Achteckes in den Boden eingelassen. Stellen sich fühlige Menschen auf ihn, verspüren sie ein eigenartiges Kribbeln, das bis zu einer unangenehmen Erwärmung der Fußsohlen reichen kann.

Dass der Ruf von Maria Waldrast außergewöhnlich ist, belegt auch die Tatsache, dass die Gründungslegende auch in den „Deutschen Sagen" der Gebrüder Grimm Berücksichtigung fand. Zahlreiche Votivtafeln künden von der heilkräftigen Wirkung dieser uralten Kultstätte. Auch weggelegte Krücken, Bandagen und Sehbehelfe zeugen von der Kraft dieses Ortes. Nach einer Stärkung im Klostergasthof gibt es zwei Möglichkeiten des Abstiegs ins Tal: zurück nach Matrei oder den Weg ins benachbarte Stubaital.

Tipp: Auch vom Stubaital her ist Maria Waldrast gut zu erreichen. Der Aufstieg kann mit den Serlesbahnen von Mieders aus erfolgen. Weiter geht es über verschiedene Fußwege: den Kapellen- und Talerweg oder über die Eulenwiesen. Alle Wege sind gut ausgeschildert.

Info

Anreise: Mit dem Pkw: Eine Mautstraße nach Maria Waldrast ist in den Sommermonaten geöffnet. Mit öffentlichen Verkehrsmitteln zuerst mit dem Zug oder mit dem VVT-Bus Nr. 4141 vom Innsbrucker Hauptbahnhof nach Matrei. Vom Bahnhof Matrei geht es dann zu Fuß zum Ortsteil Mützens, von wo aus der beschilderte Weg nach Maria Waldrast führt.

Website: Eine sehr gute, ausführliche Beschreibung aus volkskultureller Sicht bietet das Portal *sagen.at*.

20

DER TWEED TIROLS

21

Beim letzten Handweber des Stubai

....

Die „Weberei Stern", das Atelier des letzten Handwebers im Stubaital, gehört zu jenen kleinen, aber feinen Handwerksbetrieben, wie wir sie sonst nur noch aus alten Bildbänden kennen.

Kurz vor der Ortseinfahrt in Neustift im Stubai steht auf der Wand eines alten Bauernhauses schlicht „Weberei Stern". Bei genauerem Hinsehen hängen meist einige bunte Teppiche auf einer Stange vor der Eingangstür zur Werkstatt. Daneben ein Holzhäuschen, das eher als Schrebergartenhaus durchgehen würde, denn als Weberatelier. Hier befindet sich nämlich der hölzerne Webstuhl, auf dem Martin Stern seine einzigartigen Stoffe kreiert. Der Handwebstuhl stammt aus einer anderen Zeit und einer anderen Welt. Ein halb mechanischer Webstuhl aus dem Jahre 1900 ist die einzige Konzession des Webers an die „Moderne". Darauf werden vor allem die Teppiche, bisweilen auch manche Stoffe gewebt. Gegründet wurde die Weberei Stern 1923. Großvater Franz hatte damals begonnen, Stoffe zu erzeugen. 1995 übernahm dann Martin den Kleinstbetrieb von seinem Vater. „Ich kann mit meiner Familie davon leben", meint er bescheiden. Vielleicht auch deshalb, weil Stern seit jeher ein Konzept verfolgt, das heute wieder in Mode kommt: gelebte Regionalität.

„Die Schafwolle, die ich hier verarbeite, stammt ausschließlich aus dem Stubai", bemerkt er nicht ohne Stolz. Und um die von ihm gewünschte höchste Qualität der Wollstoffe zu erreichen, wäscht er die Wolle sogar selbst. „Nur so kann ich sicher sein, dass genau so viele Anteile am Wollfett Lanolin in den Fasern verbleiben, wie ich benötige." Dieses Fett macht auch die Qualität eines Teppichs aus, denn es weist Schmutz und Wasser ab. Hier gibt es sie übrigens noch, die einst topmodernen „Lechtaler Teppiche" aus Schafwolle. Mit ihren braunen und schwarzen Farbtupfern und grob gewebt sind sie wahre und edle Schmuckstücke – nicht nur in mit Zirbenholz getäfelten Bauernstuben.

76

Es wäre keine Tiroler Weberei, wenn Stern nicht auch Flachs zu Stoffen verarbeiten würde. Flachs wurde jahrhundertelang in den Gebirgstälern gezogen und zu Leinen verarbeitet. Nun bezieht ihn Martin Stern aus Innerösterreich und verwebt ihn unter anderem zu traditionellen Leinenstoffen für Hemden.

21

Diese werden in den letzten Jahren immer mehr nachgefragt. Vor allem auch deshalb, da die handgewebten Stoffe nicht nur fantastisch aussehen, sondern auch durchaus erschwinglich sind. „Einen Schneider muss man halt haben", meint Stern mit einem verschmitzten Lächeln.

Flachs oder eben Leinen ist auch ein wichtiger Bestandteil einer uralten alpinen Stoffart, die schon fast verschwunden war: der sogenannte „Wifling". Einst der „Strapazler" unter den bäuerlichen Stoffen, trug man ihn von Jugend an und „fuhr damit auch in die Grube", wie es in der rauen Sprache der Tiroler Bergbauern hieß. Die Wiedergeburt des Stoffes in der Weberei Stern läuteten nolens volens einige Jäger ein, die Wifling bestellten, ihn aber nicht abholten. So verkaufte Martin Stern den Stoff an andere Kunden, die daraus Jacken und Gehröcke schneidern ließen. Und diese wiederum stießen in deren Freundeskreis auf größtes Gefallen.

Der Wifling ist der Tweed Tirols. Die Kette besteht aus Flachs, der Schuss aus Schafwolle. Die Farbpalette ist begrenzt: Grau, Braun oder Weiß. „Mehr gibt's nicht, denn das sind die Farben unserer Schafe. Und gefärbt wird die Wolle für den Wifling nicht", meint Stern kurz und bündig. Und so feiert diese uralte textile Besonderheit Tirols eine unverhoffte Renaissance. Denn immer mehr Menschen erkennen die Schönheit dieser handgewebten Naturstoffe und versorgen Martin Stern mit Aufträgen. Der wiederum muss seine Kunden teils vertrösten. Denn wenn die Schafwolle für einen bestimmten Stoff ausgeht, ist Warten angesagt. So lange, „bis die Wolle auf den Schafen nachgewachsen ist", wie er es formuliert. Und was die Preise dieser wahrhaft naturbelassenen, regionalen Textilien anlangt: nachfragen und wundern.

Info

Anreise: Öffentlich mit den VVT-Buslinien Nr. 590a und 590b ab Innsbruck Hauptbahnhof. Mit dem Pkw bis kurz vor Neustift im Stubai (VVT-Haltestelle Außerrain)
Kontakt: Weberei Stern, Außerrain 114, 6167 Neustift im Stubaital
Tel.: +43/(0)5226/2274; E-Mail: info@tiroler-webkunst.at
Öffnungszeiten: Mo bis Fr von 8 bis 18 Uhr, Sa auf Anfrage, So geschlossen
Website: *www.tiroler-webkunst.at*

HEILIGTUM MIT FELSIGEM „HOCHALTAR"

Der Goldbichl in Igls

Die Kuppe unterhalb der Serles war vor 4000 Jahren ein riesiger Brandopferplatz. Bei einer Wanderung entlang des „Archaeo-Pfad Goldbichl" kann man die Geheimnisse unserer Vorfahren erforschen.

Lange vermuteten Archäologen, dass es in der Nähe des Alpenhauptkamms kaum bedeutende prähistorische Kultplätze gegeben hatte. Bis sie 1994 mit Ausgrabungen am Goldbichl in Igls bei Innsbruck begannen. Das Ergebnis: Die heute bewaldete Kuppe war schon vor 4000 Jahren ein riesiger Brandopferplatz. Vielleicht überhaupt der größte seiner Art in den Alpen.

Natürlich kann man auch mit dem Auto bis direkt zum Hügel fahren, der sich in unmittelbarer Nähe der Kreuzung von Patscher Straße und Römerstraße in der Nähe des Grünwalderhofes befindet. Es lohnt sich aber, den Goldbichl von Igls aus zu Fuß zu erwandern. Von der Ortsmitte führt der Weg in Richtung „Goldbichl", den man nach etwa einer dreiviertel Stunde im Zuge einer leichten Wanderung durch den Wald erreicht.

Dieser uralte Kultplatz hat – wie in Tirol üblich – auch eine Art „Hochaltar". In diesem Fall ist es die Serlesspitze, die von hier aus gut sichtbar als majestätisches Felsdreieck gen Himmel ragt. Ein wunderbares Indiz dafür, dass prähistorische Kultplätze in Tirol meist von natürlichen Felspyramiden umgeben waren. Die Archäologen nehmen an, dass Menschen der frühen Bronzezeit um etwa 1900 v. Chr. damit begannen, zu Ehren ihrer Götter auf der Kuppe Kultfeuer zu entfachen. Seine eigentliche Blütezeit erlebte der Goldbichl dann während der Eisenzeit, also zwischen 500 und 15 v. Chr., bis die Römer dem Kultplatz ein jähes Ende bereiteten.

Am Goldbichl opferten die Menschen der Vorzeit ihren Göttern Tiere und Gebrauchsgegenstände wie Töpfe, Messer oder sogar Waffen, die sie vor der Opferung meist zerstörten. In den knapp 2000 Jahren, in denen diese Geländekuppe als Opferplatz benutzt worden ist, wuchs deshalb ein regelrechter Hügel empor. In der Bronzezeit waren es meist Feuer, die auf einem Lehmboden entzündet wurden. Später begannen die Menschen, Steine

79

zu kleinen Altären aufzuschlichten. In der Eisenzeit bauten die Räter dann massive Steinaltäre. Das Feuer darauf erreichte bisweilen Temperaturen, die selbst Steine zum Schmelzen brachten. Einer dieser Steine wurde ausgegraben und wird als „geschmolzener Stein" am Goldbichl ausgestellt. Der Brandopferplatz selbst war in mehrere Zonen eingeteilt. Wenn man den „Archaeo-Pfad Goldbichl" benützt, erhält man nicht nur kurze und präzise Informationen über die Anlage. Man sieht mit eigenen Augen, dass es hier einen durch einen Wall abgetrennten heiligen Bereich gegeben haben muss. Interessant auch, dass in der Eisenzeit eine Art Stiege zum Brandopferplatz führte. Zudem wurden am westlichen Abhang Überreste von Häusern gefunden, die den heiligen Bezirk eingrenzten. Mysteriös ist in diesem Zusammenhang der Fund eines „Hausschlüssels". Das lässt vermuten, dass mit dem Schlüssel eine Tür aufgesperrt werden konnte, hinter der vielleicht wertvolle Kultgegenstände verwahrt waren. Und noch ein Rätsel gibt es zu lösen. Üblicherweise wurden bei den kultischen Handlungen auch Gerätschaften aus Bronze und Eisen geopfert. Messer, Fibeln und Schwerter wurden jedoch vorher unbrauchbar gemacht. Nach dem Verlöschen des Feuers wurden die Gegenstände eingesammelt und an einem geheimen Ort verwahrt. Diesen haben die Archäologen bis heute noch nicht gefunden.

Die Wanderung zum Goldbichl sollte man unbedingt mit einem Besuch von Heiligwasser verbinden. Wie der Name schon sagt, entspringt dort eine besondere Quelle. Heiligwasser war früher der Ausgangspunkt für Bergsteiger, die den Patscherkofel erklimmen wollten. So auch Kaiser Franz Joseph (1830–1916), der hier 1848 übernachtete, um am darauffolgenden Tag den Hausberg Innsbrucks zu besteigen.

Info

Anreise: Mit dem Auto von Igls in Richtung Patsch. Links nach der Einmündung der Patscher- in die Iglerstraße befindet sich der Parkplatz. Öffentlich mit dem VVT-Bus Nr. 4141 vom Alten Rathaus in Igls bis Patsch/Goldbichl. Zu Fuß über den „Archaeo-Pfad Goldbichl" von Igls aus bis zum Brandopferplatz.
Website: *www.goldbichl.at*

80

BLÜHENDE TRÄUME HOCH ÜBER INNSBRUCK

23

Das Almrosenfestival am Zirbenweg

Die Almrosen verwandeln zwischen Mai und Juli ganze Berghänge in ein rötlich leuchtendes Blütenmeer. Einzigartig ist es, zu dieser Zeit den Zirbenweg oberhalb von Innsbruck zu begehen, der dann genauso gut „Almrosenweg" heißen könnte.

Am Übergang vom Frühling zum Sommer blühen diese den Rhododendren zugehörigen Pflanzen in einer von Rosarot über Dunkel- bis ins Rostrot reichenden wunderbaren Farbenpalette. Doch wie sagt man nun eigentlich? Almrosen, Almrausch oder Alpenrosen? Dass es zwei unterschiedliche Arten gibt, die auf den Bergen Tirols wachsen, ist wenig bekannt. In der Namensgebung wird der Unterschied hörbar. So ist die „rostblättrige Alpenrose" daran zu erkennen, dass ihre Blattunterseiten rötlichbraun gefärbt sind. Sie wird gemeinhin als „Alpenrose" bezeichnet und wächst gerne auf silikathaltigem Boden, also auf Urgesteinsboden. Im Gegensatz dazu ist die „bewimperte Almrose" jene Pflanze, deren Blättchen auf beiden Seiten grün gefärbt und behaart sind. Das ist der „Almrausch", der es liebt, auf Kalkböden zu wachsen.

Jeder richtige Tiroler hat seinen ganz speziellen Platz oder sogar ein besonderes Tal, das er zwischen Mai und Juli bei schönem Wetter aufsucht. Es ist jene Jahreszeit, in der besonders viele Innsbrucker auf ihren Hausberg fahren, um entlang des hoch über der Stadt gelegenen Zirbenwegs den Alpenrosen möglichst nahe zu sein. Er könnte ab Ende Mai genauso gut „Almrosenweg" heißen.

Innerhalb einer Stunde gelangt man von der Stadt zum Ausgangspunkt eines Hochgebirgswegs, der konkurrenzlos schön ist. Los geht's bei der Talstation der Neuen Patscherkofelbahn, die einen im Nu in bergige Höhen bringt. Es sind grandiose Ausblicke, die sich vom Zirbenweg aus eröffnen.

82 Da ist einmal die Innsbrucker Nordkette, die ihre Fortsetzung in den Bergen des Bettelwurfs oberhalb von Hall in Tirol findet. Kurz gesagt: Das Karwendelgebirge bildet den grandiosen Horizont nach Norden. Auch nach Süden hin ist die Aussicht einmalig. Da ist die Viggarspitze, die wie eine Pyramide zu Himmel ragt und das Viggartal quasi beherrscht. Weiter westlich davon

sieht man die Stubaier Alpen mit der Serlesspitze, dem Habicht und dem Zuckerhütl, das als Felsspitze aus dem Stubaier Gletscher emporragt. Der Weg wird von teils uralten, knorrigen Zirben gesäumt, die mitunter groteske Formen entwickeln. Man muss bedenken, dass die Bäume mehrere Hundert Jahre alt werden können. Zwischen den Zirben brillieren von Mai bis Juli eben die Almrosen, die den Zirben den roten Teppich ausrollen. Nach rund einer halben Stunde ist eine erste Rast beim Alpengasthof Boscheben fällig. Zeit, ein paar Gedanken dem namensgebenden Baum des Weges zu widmen. Die Zirbe könnte gut und gerne auch Tirols Wappenbaum sein. Aus Zirbenholz werden heute noch wunderschöne Bauernstuben gezimmert, die jahrzehntelang einen milden Duft verströmen. Die ätherischen Öle fördern einen gesunden Schlaf und vertreiben Fliegen und Mücken, was auf den Bauernhöfen früher ein höchst gewünschter Nebeneffekt gewesen sein mag.

Nach der Rast geht's weiter in Richtung Tulfeinalm. Der Weg verläuft leicht an- und absteigend, jedoch ohne wesentliche Höhenänderung, obwohl wir uns entlang der Waldgrenze auf 2000 Metern Seehöhe befinden. Von der Tulfeinalm aus gelangt man mit dem Sessellift nach Tulfes, wo ein eigener Bus wartet, um die Wanderer zurück zur Patscherkofel-Talstation in Igls zu bringen.

Info

Anreise: Mit dem J-Bus aus Innsbruck zur Talstation der Patscherkofelbahn. Fahrt auf den Patscherkofel mit der Neuen Patscherkofelbahn. Der Zirbenweg ist gut ausgeschildert und in etwa 2,5 Stunden ohne große Kraftanstrengung bis zur Tulfeinalm zu bewältigen. Talfahrt von dort mit der Glungezerbahn möglich. Bergschuhe empfehlenswert. **Website:** Detaillierte Informationen auf der Website *innsbruck.info*

84

DER RÄTSELHAFTE FELSKOLOSS

Zum „b'schriebenen Stein" im Inneren Viggartal

24

Ein riesiger Monolith im Inneren Viggartal beschäftigt Heimatforscher und Archäologen seit Jahrzehnten. Schon der Name des Steinkolosses macht neugierig: „B'schriebener Stein" wird er von den Einheimischen genannt, weil er mit geheimnisvollen Zeichen versehen ist.

Das Viggartal ist trotz seiner Nähe zu Innsbruck bisher von den Touristenmassen verschont geblieben. Lediglich das „Meissner Haus" am Taleingang bietet den Wanderern Unterkunft, Speis und Trank. Ob man nun von Ellbögen herauf oder vom Patscherkofel hinabwandert – das Meissner Haus ist und bleibt der Ausgangspunkt auf dem Weg ins Innere Viggartal. Die Sektion Meissen des Deutschen Alpenvereins hat die Hütte 1926 erbaut. Als sichtbares Zeichen zieren zwei mit Meißner Porzellan verkleidete Kachelöfen die beiden Gasträume des Hauses. Raritäten, die heute noch dafür sorgen, dass die wunderschönen Zirbenstuben im Winter behaglich warm sind.

Vom Meissner Haus aus geht es dann weiter zum „b'schriebenen Stein" in Richtung Talende. Über sanfte Almwiesen steigt man nun von 1700 Metern auf rund 2200 Meter auf. Auf den Weiden des Viggar Hochleger trifft man auf die ersten, vermutlich prähistorischen Hinweise: Schalensteine. In ihren mehr oder weniger glatten Oberflächen sind halbkugelförmige Vertiefungen zu sehen, die sogenannten Schalen. Wozu sie dienten, ist nach wie vor nicht geklärt – sie sind die ersten Rätsel des Viggartales. Üblicherweise finden sich Schalensteine jedoch in der Nähe uralter Kultplätze.

Nach einem rund zweieinhalbstündigen Aufstieg erreicht man knapp vor dem Talende eine Hochfläche. Der „b'schriebene" Stein ist schon von Weitem zu erkennen. In seiner Umgebung sticht auch ein anderer Stein ins Auge: Er ist dreieckig, rund zwei Meter hoch und mit größter Sicherheit gesetzt, also von Menschen aufgestellt. Dieser Menhir würde gut zu einem prähistorischen Kultplatz passen. Wer dann direkt beim „b'schriebenen **85** Stein" steht und das Bergpanorama näher betrachtet, wird wahrscheinlich von einer einzelnen Bergspitze fasziniert sein: der Viggarspitze. Sie hat die Form einer gleichseitigen Pyramide, ganz so, als wäre sie künstlich bearbeitet worden.

Dreieckige Bergspitzen haben in Tirol eine ganz besondere Bedeutung. In ihrem „Blickfeld" befinden sich meist Kultplätze, an denen die Christen später Wallfahrtskirchen errichtet haben. In der Eisenzeit, also ab etwa 800 v. Chr., war das Dreieck ein magisches, ja sogar ein religiöses Symbol. Dass das Viggartal von einer solch riesigen Bergpyramide beherrscht wird, lässt darauf schließen, dass der riesige Monolith eine religiös-kultische Bedeutung hatte. Die Ausmaße des Monolithen sind gewaltig: Der aus Glimmerschiefer bestehende Koloss ragt knapp zehn Meter in den Himmel, ist dreikantig und hat am Boden einen Umfang von 17 Metern. Bei genauem Hinsehen sind tatsächlich Steinzeichen, sogenannte Petroglyphen, zu erkennen. Wie sie im Detail aussehen und was sie uns mitteilen wollen, bleibt unklar. In einer Pfarrchronik ist die Rede davon, dass sich hier auch Kaiser Maximilian verewigt habe. Andere Quellen behaupten, die Einritzungen seien Hauszeichen jener Bauern, die ihre Tiere hier bereits im Mittelalter gealpt hätten.

Jüngste archäologische Erkenntnisse, konkret die Funde von Silex-Artefakten, lassen aber vielmehr darauf schließen, dass die Zeichen auf dem Stein weit älter sind und dieser bereits eine bedeutsame Raststation prähistorischer Jäger gewesen sein muss. Ob es tatsächlich ein Tausende Jahre alter Kultplatz war, könnten weitere Nachforschungen und Ausgrabungen klären.

Egal ob Kultplatz oder nicht: Auf jeden Fall ist dieser wunderbare Talabschluss ein Fest für alle Sinne. Es lohnt sich auch, den Aufstieg noch etwas fortzusetzen: Denn knapp 200 Höhenmeter über dem „b'schriebenen Stein" befinden sich die „Blauen Seen", ebenfalls ein ganz und gar magischer Ort.

Info

Anreise: Mit dem Auto nach Ellbögen-Mühltal oder öffentlich mit dem VVT-Bus Nr. 4141 ab Innsbruck-Hauptbahnhof bis zur Haltestelle Ellbögen-Mühltal. Zwei Stunden Wanderung ab Ellbögen zum Meissner Haus, weitere zweieinhalb Stunden zum „b'schriebenen" Stein. Das Meissner Haus ist auch vom Patscherkofel her zu erreichen.
Website: *www.blog.innsbruck.info*
Der Innsbruck-Blog enthält eine Darstellung des „b'schriebenen Steins" (Stichwort „Viggartal" – das Geheimnis des Viggartals).

SLOW FOOD IN HOFERS HAUPTQUARTIER

25

Das „Gasthaus zum Schupfen" bei Mutters

An der alten Brenner-Bundesstraße im Gemeindegebiet von Mutters gibt es ein einzigartiges „lebendes Museum": das Gasthaus zum Schupfen. Nach außen hin ein Tempel regionaler Slow-Food-Küche, innen ein Hort von Tiroler Patrioten. Der „Schupfen" diente nämlich dem Tiroler Freiheitsheld Andreas Hofer während der Bergisel-Schlachten 1809 als Hauptquartier.

Versetzen wir uns in die Zeit vor mehr als 200 Jahren. Die Kommunikationsmöglichkeiten waren beschränkt, Zeitungen im heutigen Sinn gab es damals kaum. Dennoch blieb das „normale Volk" nicht uninformiert. Fahrende Händler wussten von den Neuigkeiten zu berichten. Einer der damals bekanntesten war Andreas Hofer (1767–1810), der mit Pferden und Südtiroler Wein handelte. Der „Sandwirt" aus dem Südtiroler Passeiertal war in ganz Tirol bekannt. So gelang es ihm, den Widerstand gegen die bei den kaisertreuen Tirolern verhasste französisch-bayerische Herrschaft zu organisieren. Die Mobilmachung erfolgte quasi in den Hinterzimmern und Bauernstuben der Gasthäuser.

Der damalige Schupfenwirt Johann Etschmann war sein alter Freund und Weggefährte. Als sich im April 1809 in Tirol Widerstand gegen die Zwangsrekrutierung der Tiroler in die bayerische Armee regte, organisierte er unter dem Befehl Hofers auch in mehreren Orten des Tiroler Oberlandes Aufstände. Hofer rückte als Kommandant der Passeirer Schützen aus dem eben befreiten Sterzing an und nahm zuerst in Schönberg bei einem anderen Freund, dem Postmeister Elias Domanig, Quartier. Am Tag der ersten Bergisel-Schlacht am 12. April bezog er erstmals sein Hauptquartier im Gasthaus Schupfen. Zwei Tage später zogen Hofer und seine Getreuen nach der Vertreibung der Bayern in Innsbruck ein und nahmen in der Hofburg Quartier.

88

Die Wahl des „Schupfen" als Hauptquartier erwies sich vor allem bei der dritten Schlacht am Bergisel als ein Segen. Am 13. August 1809 tobte der Kampf an allen Hängen um Innsbruck. Die Tiroler Schützen liefen Gefahr, die Schlacht zu verlieren, als sich Johann Praxmarer, ein berittener Bote

25

Gasthof Schupfen

Hauptquartier
des
Andreas Hofer
1809.

Hofers, in den Sattel schwang. Sein Ziel: das Stubaital und die dort auf einen Einsatz wartenden Schützen. Tatsächlich wendete sich am Nachmittag nach dem Eintreffen der Stubaier das Kriegsglück. Die Tiroler konnten die gefährlich anstürmenden Franzosen und Bayern mit vereinten Kräften zurückwerfen. Die vierte Schlacht am Bergisel ging allerdings verloren, Andreas Hofer wurde in der Folge bekanntermaßen verraten, festgenommen und 1810 in Mantua erschossen.

Viel hätte nicht gefehlt, und der Gasthof zum Schupfen wäre vor einigen Jahren sang- und klanglos aufgelassen worden. Es war die Familie von Otto Auer, die das historische Gebäude der Nachwelt erhielt. Und die auch die lange Tradition eines Tiroler Wirtshauses weiterführte, die bereits im Jahr 1566 mit der Verleihung des Gastwirtschaftsgewerbes begann. Heute zählt das sorgsam und mit viel Liebe zum Detail renovierte Haus zum edlen Kreis der Slow-Food-Gasthöfe Tirols.

Ein Hofer-Gedenkzimmer im ersten Stock gibt einen Eindruck, wie der Sandwirt aus dem Passeier vor mehr als 200 Jahren während der Schlachten am Bergisel gelebt haben könnte. Da steht noch das Bett, in dem der Held sein Haupt zur Ruhe bettete. Eine Truhe, gedruckte Proklamationen und Erlässe sowie zeitgenössische Stiche versetzen den Besucher in die Zeit der napoleonischen Kriege. Der originale Ranzen Hofers liegt zusammen mit seiner Bauchtasche auf dem Tisch, so als könnte sein Besitzer jederzeit zur Tür hereinkommen, um sich zur Schlacht fertig zu machen. Der Ranzen trägt die Jahreszahl 1806, die in filigraner Tiroler Federkielstickerei ausgeführt ist.

Info

Anreise: Öffentlich mit dem VVT-Bus Nr. 4140 vom Innsbrucker Hauptbahnhof über die alte Brennerstraße bis zur Haltestelle „Gärberbach", quasi vor der Haustüre des „Schupfen". Parkplätze für Autos sind beim Gasthof vorhanden.

Besichtigung: Das Hofer-Zimmer im Gasthof Schupfen wird von den Wirtsleuten auf Wunsch gezeigt. Das Haus ist bekannt für seine Slow-Food-Küche und die Verwendung regionaler Zutaten.

Website: *www.gasthof-zum-schupfen.at*

SCHNÖLLER, SCHAFE UND FESTE

Der Schafabtrieb in Axams

1927 wurde in Axams der erste Schafzuchtverein Tirols ge-gründet. Daher ist bis heute die herbstliche Einholung der Schafe von der Alm ein ganz besonderer Tag, der mit einem großen Fest inklusive lautstarkem Schnöllen gefeiert wird.

Es ist ein ganz eigener Menschenschlag, der sich die Arbeit antut, Schafe zu halten. Sie winters im Stall zu pflegen, im Frühsommer auf die Alm zu bringen und zu Herbstbeginn wieder ins Tal zu holen. So auch in Axams, wo es 2017 genau 80 Jahre her war, dass der erste Schafzuchtverein Tirols ge-gründet wurde. Daher ist es wenig verwunderlich, dass der Almabtrieb der Axamer Schafe im Herbst wichtiger Bestandteil des örtlichen Brauchtums geworden ist. Interessant auch, dass er mit einem anderen Urtiroler Brauch zusammenhängt: dem Schnöllen. Das Knallen mit riesigen Peitschen ist erst nach dem Almabtrieb erlaubt. Und das hat einen guten Grund.

Im Gegensatz zu vielen anderen Almabtrieben werden die Schafe in Axams genau am 6. September von der Alm zurückgeholt, während die großen Tie-re wie Rinder, Pferde und Ochsen jeweils am darauffolgenden Samstag nach Hause kommen. Die Seealm, auf der die rund tausend weißen und braunen Bergschafe sowie die „Tschecken", wie die gefleckten Schafe genannt werden, den Sommer verbringen, liegt zwischen 2000 und 3000 Metern Seehöhe. Wenn im Herbst die auf einem Gebiet von 2800 Hektar grasenden Wollknäu-el zusammengetrieben werden müssen, fällt das in die Rubrik Schwerstarbeit. Da kann es durchaus passieren, dass an den höchsten Stellen der Seealm im hinteren Fotschertal bereits knietief Schnee liegt. Dann müssen sich mehrere junge Männer auf den Weg machen, um die Schafe zu finden und zurückzuho-len. Denn Schafe verharren am Fleck, wenn sie versäumen, vor dem Schneefall abzusteigen. „Mit Rufen und Locken haben wir es immer noch geschafft, alle Tiere zu finden und zu Tal zu bringen", meint der Obmann des Axamer Schaf-zuchtvereins Thomas Brecher. Es könne allerdings Tage dauern, bis alle Schafe **91** gefunden und zur Almhütte gebracht werden können.

Der Almabtrieb selbst ist in Axams seit jeher ein Feiertag. Es dauert zwi-schen fünf und sechs Stunden, bis die Schafe mit ihren Treibern und Hirten von der Seealm bis ins Dorf spaziert sind. Und man darf sich nicht vorstellen, dass die Tiere stets brav auf der Straße bleiben. Im Gegenteil: Sie versuchen, unterwegs die saftigen Gräslein am Wegesrand und auf den noch grünen Wiesen zu fressen, was immer wieder zu größeren Aktionen der Hirten führt. Denn sie müssen darauf achten, die Tiere auf den „rechten Pfad" zurückzubringen.

Und so gönnen sich Hirten, Bauern und Treiber nach der Rückkehr der Tiere in Axams gerne ein Bier. Melancholie ist vielleicht nicht der richtige Ausdruck für das Gefühl, das viele „Almeler" am Ende der Saison befällt. Ist doch die Arbeit im Hochgebirge alles andere als leicht und lustig. Dennoch blicken sie wehmütig auf den Sommer zurück, den sie in der grenzenlosen Freiheit der Hochalmen verbracht haben. In Axams selbst wird zur Feier des Tages immer ein Festplatz eingerichtet, wo die Besitzer der Tiere bereits warten. Es ist bemerkenswert, wie schnell die einzelnen Bauern ihre Schafe dann unter Hunderten ihrer Artgenossen wiederfinden. Gut, diese sind mit Spray gekennzeichnet. Aber immerhin ist es eine riesige Herde, die sich am Festplatz tummelt. Im eigens errichteten Festzelt werden lokale Schmankerl wie die „Blattln" mit Kraut oder Granten (Preiselbeer)-Marmelade verzehrt. Wohlschmeckend sind auch die vor Ort hergestellten Lammwürste. Dass die Almeler und Bauern mit Bier und Schnaps auf das gute Almjahr anstoßen, haben sie sich redlich verdient.

Eine andere Gruppe meist junger Männer wiederum kann es kaum erwarten, dass die Feierlichkeiten des Almabtriebs bald vorbei sind. Denn die „Schnöller" dürfen dann bis zum dritten Oktobersonntag ihrem lautstarken Hobby nachgehen. Weshalb erst jetzt? Weil das Schnöllen früher eine Art Kommunikation zwischen den Almen war. Und zu frühes Schnöllen hätte Verwirrung gestiftet, hört man das Peitschenknallen doch über Kilometer hinweg.

Info

Anreise: Öffentlich mit dem VVT-Bus Nr. 4162 am 6. September von Innsbruck nach Axams. Sofern ein Wochentag, verkehrt der Bus alle 15 Minuten.

Kontakt: Schafzuchtverein Axams, Obmann Thomas Brecher
Tel.: +43/(0)699/27072400; E-Mail: waldaufseher@inzing.tirol.gv.at
Weitere Informationen erteilt die Tourismusinformation Axams
Tel.: +43/(0)5234/68178; E-Mail: axams@innsbruck.info

26

MATSCHGERER, MULLER, MUMMEREIEN

27 Fasnacht in den MARTA-Dörfern

Es ist der sichtbare Kampf des Winters gegen den anbrechenden Frühling, wenn in den MARTA-Dörfern in der Nähe von Innsbruck Fasnacht gefeiert wird. Ein Brauch, dessen Wurzeln tief in der Vergangenheit liegen und der absolut einzigartig ist.

Was sind eigentlich die MARTA-Dörfer? Es handelt sich dabei um jene wie auf einer Perlenschnur aufgereihten Dörfer, die in Innsbruck-Mühlau beginnend nach Osten über Arzl, Rum und Thaur bis nach Absam reichen. Sie sind die Wiege eines urtypischen und faszinierenden Tiroler Fasnachtsbrauchtums, des Mullens. Wie in anderen Gegenden hat auch das bunte MARTA-Fasnachtstreiben seine Wurzeln in alter Zeit. Die Masken repräsentieren den Kampf des weichenden Winters mit dem heraufziehenden Frühling, der wieder Wärme und lebenswichtige Fruchtbarkeit bringt.

Woher das Wort „Mullen" stammt, kann nicht zufriedenstellend beantwortet werden. Vermutlich handelt es sich um die Verballhornung des Wortes „Mummereyen", das wiederum vom Ausdruck Mummenschanz hergeleitet werden könnte. „Mummereyen" wurden nämlich die höfischen Maskeraden genannt, die im Mittelalter die Zeit zwischen Dreikönig und Aschermittwoch beherrschten und sogar in den Reliefs des Goldenen Dachls in Innsbruck verewigt sind. Es darf angenommen werden, dass das Mullen tatsächlich eine Fortsetzung des uralten höfischen Mummenschanzes ist. Ein Hinweis ist, dass Herzog Sigismund von Tirol (1427–1496), der auch als der „Münzreiche"' bekannt geworden ist, im Jahr 1472 die gesamte Fasnacht auf dem Thaurer Schloss zugebracht hat. Die Überlieferung weiß zu berichten, dass es ihm offenbar so sehr gefiel, dass er sich nach altem Fasnachtsbrauch von Frauen auf seiner Residenz habe festsetzen lassen. Ein Schelm, wer Böses dabei denkt ...

Für Unkundige ist die Vielzahl der Masken und Verkleidungen der Muller auf den ersten Blick sehr verwirrend. Unverständlich auch ihre einer Choreografie unterliegenden Bewegungen und zeremoniellen Schritte. Als besondere Ehrerweisung gilt das „Abmullen", ein kleiner Schlag auf die Schulter eines Zuschauers durch einen „Matschgerer". Das soll Glück und Fruchtbarkeit bringen. Bekräftigt wird dies mit einem kräftigen Schluck Schnaps, den der

94

27

Muller ausschenkt. Grundsätzlich sind die Masken in zwei Gruppen einzuteilen. Auf der einen Seite treiben die Herbst- und Wintermasken wie Hexen, Bären, Zottler, Klötzler oder Zaggler ihr Unwesen. Die ihrerseits auf den heftigen Widerstand des Frühlings und des Sommers treffen, die mit eigenen Masken und Kleidern dagegenhalten. Dazu gehören die Spiegeltuxer, die Melcher und die Weißen. Und wer geglaubt hat, dieser Kampf finde nun in wilden oder wüsten Kämpfen Niederschlag, hat sich gewaltig getäuscht. Die Mullerei verläuft als Ereignis für Groß und Klein in extrem gesitteten, ja geradezu noblen Bahnen.

Die Muller sind mit ihren Vereinen nicht nur beim großen Umzug aktiv. Von Mitte Jänner an bis Faschingsdienstag treten sie oft in Gasthäusern, bei Bällen oder anderen Festivitäten auf, was „Einimullen" genannt wird. Dieses in den MARTA-Dörfern streng regulierte Brauchtum wird seit einigen Jahren immer öfter auch in anderen Tiroler Gemeinden nachgeahmt. Ganz und gar nicht zur Freude der „Originalen Muller", die eine Verwässerung des Brauchtums in Richtung Tourismus befürchten. Denn eines ist sicher: Das Mullen in den MARTA-Dörfern ist ein Brauchtum, das weder dem Tourismus angepasst und schon gar nicht geopfert wird.

Damit es auch in Zukunft Muller gibt, legen die Fasnachtsvereine großen Wert auf die Nachwuchsarbeit. Sie fördern ihre „Jungmuller", die von klein auf an das Brauchtum herangeführt werden. Wenn also bei Umzügen oder in Gastwirtschaften zur Fasnachtszeit kleine, verkleidete Kerlchen auftauchen, um mit teils ungelenken Bewegungen die Choreografie der „Großmuller" nachzuahmen, sind es solche Jungmuller.

Info

Anreise: Alle MARTA-Dörfer sind per VVT-Bus aus Innsbruck in kurzer Zeit zu erreichen. Die Frequenz der Fahrten ist hoch und somit sind die Wartezeiten gering.

Veranstaltungen: Die Fasnacht in den MARTA-Dörfern beginnt Mitte Jänner und endet spätestens am Faschingsdienstag. In Thaur sogar schon am „Unsinnigen Donnerstag". Das große Mullerlaufen findet jedes Jahr in einem anderen MARTA-Ort statt. Detaillierte Informationen können aus dem Internet bezogen werden.

Website: *www.thaurer-muller.at*

AUF DEN SPUREN DER BERGLEUTE

Die Knappenloch-Wanderungen hoch über Innsbruck

Innsbruck war im 15. Jahrhundert eine Bergwerksstadt. Noch heute sind die Zeugen dieser Vergangenheit bei genauem Hinsehen sichtbar. Wie Löcher in einem Emmentaler prägen viele alte Stollen den „Höttinger Graben". Auch beim „Höttinger Bild" sind die „Knappenlöcher" noch allgegenwärtig.

Zwei außergewöhnliche Wanderungen führen zu den mittelalterlichen Abbaustellen. Einerseits vom Planötzenhof über das Höttinger Bild und den Höttinger Graben auf die Höttinger Alm. Andererseits von der Hungerburg ausgehend ebenfalls zum Höttinger Graben, um dann nach Gramart abzusteigen und zur Hungerburg zurückzukehren.

Der schönste Ausganspunkt für die erste Knappenloch-Wanderung ist der malerische Planötzenhof mit seinem fantastischen Ausblick auf Innsbruck. Von dort erreicht man leicht ansteigend ein kleines, sehr bekanntes und beliebtes Kirchlein: die Wallfahrtskapelle „Maria Heimsuchung", besser bekannt als das „Höttinger Bild". Deren Entstehungslegende besagt, dass ein Student 1675 an dieser Stelle ein Marienbild angebracht habe, um Glück für eine Prüfung zu erbitten. Das Bild hat sich dann zu einem Wallfahrtspunkt nicht nur für Studenten entwickelt. Für die an der Bergwerksvergangenheit Innsbrucks interessierten Wanderer ist der Platz vor der Kapelle mindestens genauso interessant. Es handelt sich nämlich um eine Abraumhalde eines Bergwerks, dessen Mundloch heute noch links von der Kapelle als deutlich sichtbare Vertiefung im Gelände auffällt. Das Wasser des ganz in der Nähe befindlichen Brunnens soll – so die Überlieferung – zudem rechtsdrehend sein und somit eine positive Wirkung auf uns Menschen haben.

Nach einer weiteren halben Stunde erreicht man das Bett des Höttinger Bachs, im Volksmund als „Höttinger Graben" bekannt. Im Mittelalter war hier das Zentrum der Suche nach allerlei Metallen, vor allem aber nach Silber. Schon bei der Abzweigung des Wegs auf die Höttinger Alm sind mit freiem Auge Löcher in den Felsen erkennbar. Die farbigen Punkte inmitten der Felsen entpuppen sich später jedoch als Kletterer, die das einstige Bergbauzentrum der Hauptstadt der Alpen zu einem wahren Kletter-Eldorado namens „Dryland" gemacht haben.

97

Aus der Nähe betrachtet nötigt einem dieses Stollengewirr mit den vielen „Mundlöchern" tiefen Respekt ab. Begonnen hatte alles damit, dass Herzog Sigismund („der Münzreiche") einem gewissen Peter Jenner erlaubte, zwei Kübel Erz zu schürfen. Er gestattete ihm weiters, „das Silber, so er daraus machen würde, nach seinem Gefallen zu verkaufen". Das war ein Startschuss für viele Männer, die ihr Heil und den ersehnten Reichtum in den Eingeweiden der Nordkette suchten. Vorbei an Kletterern und Knappenlöchern endet die Tour auf der viel besungenen und weit über die Grenzen Tirols hinaus bekannten Höttinger Alm.

Eine andere, weniger intensive Wanderung führt von der Hungerburg ebenfalls in den Höttinger Graben. Nur dass der Weg statt bergwärts talwärts nach Gramart führt. Der Brunnen unterhalb des Forstwegs bei der Abzweigung nach Gramart dürfte vor rund 500 Jahren von zentraler Bedeutung gewesen sein. Berichte verweisen auf dessen außergewöhnliches Wasser. Wer nun in Richtung Gramart weiterwandert, sieht mitten im Wald oft tiefe „Gräben", in denen aber kein Bach fließt. Es darf angenommen werden, dass es sich um alte, verfallene Stollen handelt. Interessant ist auch das Bachbett des Höttinger Bachs, in dem die unterschiedlichsten Mineralien zu finden sind. Der Weg durch Gramart und zurück zur Hungerburg bietet einige wunderbare Ausblicke auf Innsbruck, die „Hauptstadt der Alpen".

Info

Anreise: Öffentlich auf die Hungerburg geht es mit der Hungerburgbahn oder dem J-Stadtbus. Die Anreise ist auch mit dem Auto bis zum Parkplatz der Hungerburgbahn möglich.

Wanderungen: Die Wanderung vom Planötzenhof zur Höttinger Alm erfordert Trittsicherheit, da sie teils über felsiges Gelände führt. Zudem ist der Aufstieg bisweilen steil. Dauer: rund 2,5 bis 3 Stunden. Weniger anstrengend ist es, von der Hungerburg über den Höttinger Graben nach Gramart und wieder zurück zur Hungerberg zu wandern.

98

28

VON DRACHEN UND SCHLUCHTENSCHEISSERN

29

Besondere Entdeckungen in der Innsbrucker Altstadt

Wer kennt es nicht, das „Goldene Dachl", jenen Prunkerker, mit dem sich Kaiser Maximilian selbst ein Denkmal setzte? Oder die altehrwürdigen Bürgerhäuser am Innufer, die einen wunderschönen Rahmen für die Nordkette bilden? Aber das ist nur eine Seite der Innsbrucker Altstadt. Die andere ist versteckt, wesentlich lustiger und herzhaft rustikal.

Beim Betreten der Altstadt von der Maria-Theresien-Straße her leuchtet es uns entgegen: das Goldene Dachl. Viele der Häuser, die das Spalier zum legendenumwobenen Wahrzeichen Innsbrucks bilden, zeigen an ihrer Fassade die gleiche Darstellung: eine Madonna mit Kind. Ein versteckter Hinweis darauf, dass Innsbruck einst ein beliebtes Pilgerziel war. Genauer gesagt, das Ziel war der Dom zu St. Jakob. Der Name lässt schon erahnen, welche Pilger hierherkamen: Jakobspilger auf ihrem Weg nach Santiago de Compostela. Aber was haben die vielen Marienbilder an den Bürgerhäusern mit den Jakobspilgern zu tun?

Die Antwort findet man im Dom selbst. Im Hochaltar eingefasst ist nämlich ein Meisterwerk Lucas Cranachs des Älteren: sein berühmtes Gnadenbild „Mariahilf" – eine Madonna mit Kind. Das Bild kam auf Umwegen nach Innsbruck und wurde von den Gläubigen des ausgehenden Mittelalters als wundertätig verehrt. Deshalb ist es auch das in Tirol am weitesten verbreitete Marienbild. Das ist auch der Grund dafür, dass Repliken des Bildes an 21 Bürgerhäusern der Innsbrucker Altstadt als Fresken verewigt worden sind.

Eine andere Besonderheit der Innsbrucker Altstadt führt hoch über den Köpfen von Einheimischen und Touristen quasi ein Eigenleben. Es sind furchterregende Drachen, die im „Nebenberuf" als Wasserspeier tätig sind. **100** Die Sagenfiguren zieren viele Dächer der historischen Gebäude. Obwohl mit freiem Auge sichtbar, zeigt erst ein Fernglas die volle Schönheit dieser meist aus Kupfer geformten, schreckenerregend ausgeführten Flugdrachen. Die schönsten dieser Fabeltiere sind am Innsbrucker Stadtturm – sogar aus der Nähe – zu bewundern. Wer sich die Mühe macht, den Turm zu bestei-

gen, hat nicht nur eine grandiose Aussicht auf die Stadt und vor allem das einzigartig-fantastische Bergpanorama Innsbrucks. Die Lindwürmer winden sich jetzt quasi vor den Füßen der Turmbesteiger und bilden ein grandioses Objekt für Fotos, die von hier oben gemacht werden. Bemerkenswert sind weiters die Drachen am Helblinghaus, dem Dom zu St. Jakob und der Spitalskirche, die am Übergang von der Altstadt zur Maria-Theresien-Straße situiert ist.

Nun aber zu jener Sehenswürdigkeit, die seit Jahrhunderten ihr Dasein im Schatten des Innsbrucker Paradewahrzeichens führt. Kein Wunder, dass sie das grelle Licht der Öffentlichkeit scheut, denn die gotische Figurengruppe verhält sich alles andere als sittsam. Die bekannteste der Figuren ist sicher der „Schluchtenscheißer", und der ist mit seinen Kumpanen relativ einfach zu finden: Wer in der vertikalen Verlängerung der Fassade des Goldenen Dachls im unteren Laubenbogen genauer hinschaut, bemerkt mehrere kleine gotische Figürchen, die in einem gotischen Kreuzrippenbogen herumturnen. Darunter, ganz links, der erwähnte „Schluchtenscheißer", der dem Betrachter – offenbar auf einem Donnerbalken sitzend – keck den blanken Hintern entgegenstreckt.

Aber das ist ja noch nicht alles. Was hier an Anzüglichkeiten vor rund 600 Jahren in Stein gemeißelt wurde, verwundert doch einigermaßen. Eine dieser Figuren zeigt ganz offenherzig ihr Gemächt, das aus dem offenen Hosentürl hängt. Ist's der viel zitierte „Schneebrunzer"? Oder sind es Figuren, mit denen die Steinmetze den Bauherrn des Goldenen Dachls im wahrsten Sinne des Wortes „verarschen" und so Rache für unbezahlte Rechnungen nehmen wollten? Das wissen nicht einmal die Historiker!

Info

Anreise: Alle erwähnten Sehenswürdigkeiten sind in der Innsbrucker Altstadt zu finden. Am besten verwendet man öffentliche Verkehrsmittel der Innsbrucker Verkehrsbetriebe zur Anreise. Tipp: In Innsbruck wird eine einzigartige Führung mit Ferngläsern angeboten (Infos siehe Website).
Website: *www.perpedes-tirol.at/Fuehrung/1405070939/ Kristallklare-Weitblicke*

KELTISCHES ERBE IN SAGENHAFTER BERGKULISSE

Die Magdalenenkapelle bei Gschnitz

30

Hoch über dem Gschnitztal liegt auf einem steil aufragenden Bergsporn eine geheimnisvolle Bergkirche: St. Magdalena. Für den Erhalt der ältesten Wallfahrtskirchen Tirols sorgten einst Kaiser und Könige.

Der Aufstieg zu St. Magdalena ist mit dem Besteigen eines enorm hohen Kirchturms zu vergleichen. Inmitten einer wahrlich sagenhaften Bergwelt gelegen, beginnt der Weg beim Ausgangspunkt Gschnitz-Erhartlerhof. Erst geht es durch dichten Tann, bevor sich der Wald lichtet und Blicke freigibt, die allen Wallfahrern einen wohligen Schauer über den Rücken jagen. Vor ihnen türmen sich die Felsen der Stubaier Alpen majestätisch auf. Habicht, Ilmspitze und Kirchdach krönen den Anblick. Auf der anderen Seite blinken verbliebene Schneefelder am Muttenkopf, während unmittelbar oberhalb des schmalen Gehweges die Felsen senkrecht und beinahe bedrohlich in den Himmel wachsen.

Nach rund eineinhalb Stunden und 420 Metern über dem Talboden betritt man St. Magdalena durch ein Portal. Während die Kapelle rechts des Eingangs liegt, führt eine Art „Himmelsstiege" weiter auf ein kleines Plateau oberhalb der Kapelle. Es scheint in seiner Gesamtheit ein Kraftplatz zu sein. Und auch in dieser luftigen Höhe ist für Speis und Trank gesorgt: Peter Pranger bekocht Wallfahrer und Pilger bereits seit mehr als 40 Jahren in einer kleinen Küche der einstigen Einsiedelei.

St. Magdalena selbst ist ein in Tirol einzigartiges, historisches Kirchenjuwel. 1307 erstmals urkundlich erwähnt, als Heinrich von Kärnten (um 1265–1335) der damals auch König von Böhmen und ab 1310 Graf von Tirol war. Er ließ dem Kirchlein eine großzügige Schenkung zukommen, worauf St. Magdalena sehr bald zu einem äußerst beliebten Wallfahrtsort wurde. Auch Kaiser Maximilian reihte sich in die Schar der Spender ein, kannte er doch St. Magdalena **103** von Jagdausflügen. Als letzte österreichische Herrscherin spendete Kaiserin Maria Theresia jährlich 1000 Gulden. Dann war's vorbei mit der Unterstützung, denn ihr Nachfolger Joseph II. hob 1787 die Wallfahrt kurzerhand auf. Kunsthistorisch einzigartig sind die uralten, teilweise romanischen und großteils gotischen Fresken im Kirchlein der ehemaligen Eremitage. Vom „Sündenfall" über die „Flucht nach Ägypten" bis zu Abbildungen der heiligen Maria Magdalena reicht die Palette der romanischen Darstellungen. Aber auch die spätgotischen Malereien verzücken Kenner, wie etwa das „Gastmahl im Hause des Pharisäers Simon" an der Nordseite, direkt über der Eingangstür. Oder die Darstellung Magdalenas bei der letzten Kommunion, die ihr vom heiligen Maximinus, dem Bischof von Aix-en-Provence, gereicht wird. Von größtem Interesse war bis vor einigen Jahren ein Wasserbecken in der Apsis, in das eine Quelle floss. Die Vermutung, beim Magdalena-Kirchlein handle es sich ursprünglich um einen keltischen Kultplatz, ist nicht von der Hand zu weisen. Aus unerklärlichen Gründen wurde das Becken im Zuge von Renovierungsarbeiten entfernt und der Wasserzulauf geschlossen. Als ob sich alle Wassergeister dagegen verschworen hätten, steht das Kirchlein nun nach Regenfällen bisweilen unter Wasser. Die Wand in der Apsis saugt die Nässe auf und zeigt deutliche, nicht gerade schöne schwarze Wasserspuren. Es ist ein Wallfahrerbrauch, nach Aufstieg und Kontemplation auch den leiblichen Genüssen zu huldigen. Besonders empfehlenswert ist Peter Prangers „Bauerntoast", ein üppig belegtes Schwarzbrot mit Speck und Ei. Oder aber man kehrt nicht zum Ausgangspunkt der Wallfahrt zurück, sondern macht einen kulinarischen Umweg nach Trins zu einem nicht alltäglichen Restaurant, das sich sonderbarerweise „Pumafalle" nennt. Gabi Gatscher, die Chefin dieser kulinarischen Institution im Wipptal, hat sich ganz der Regionalität verschrieben und trägt seit Jahren mit Stolz eine Haube im Gault-Millau. Ein wahrhaft würdiger Abschluss einer Wallfahrt.

Info

Anreise: Öffentlich mit dem VVT-Bus Nr. 4146 vom Bahnhof Steinach am Brenner bis zur Haltestelle Erhartlerhof. Die Rückfahrt von hier oder von Trins erfolgt ebenfalls mit dem VVT-Bus NR. 4146. Für Pkws gibt es eingeschränkte Parkmöglichkeiten im Bereich des Erhartlerhofs am Ortseingang von Gschnitz.
104
Wanderung: Vom Erhartlerhof in ca. 1,5 Stunden zur Wallfahrtskirche. Trittsicherheit nötig. Zurück zur „Pumafalle" in Trins in rund 1,5 Stunden.
Website: *www.wipptal.at/wipptal-erleben/ausflugsziele/naturziele*

KRAMPERLLAUF UND TEUFELSTANZ

31

Bei Larvenschnitzer Norbert Danler in Ellbögen

Was den einen die besinnliche Adventszeit, ist den anderen die Zeit des wilden, nächtlichen Herumpolterns. Alle Jahre wieder treiben Anfang Dezember die „Krampeler" ihr Unwesen – viele in den kunstvollen Masken von Norbert Danler.

Der Brauch der Teufelstänze geht auf den vorchristlichen Glauben an Geister zurück, die die Menschen zu Winterbeginn so richtig in Angst und Schrecken versetzen sollten. Diese Tradition wurde ins Christentum übernommen, indem dem heiligen Nikolaus, dessen Namenstag am 6. Dezember gefeiert wird, ein Krampus als Begleiter zur Seite gestellt wurde. Der „gute Geist" Nikolaus in Begleitung des „bösen Geistes", sozusagen. Im Lauf der Zeit reduzierte sich dieses Brauchtum darauf, „schlimme" Kinder mit teuflischer Hilfe in Angst und Schrecken zu versetzen, um sie solcherart in „brave" Kinder zu verwandeln. Inzwischen ist auch in Tirol der heilige Nikolaus nur noch mit einem Gesellen namens Knecht Ruprecht unterwegs. Zurück zu den Krampelern: In den letzten Jahren haben sie es mitunter so toll getrieben, dass jetzt jeder der wilden Gesellen eine Nummer erhält, damit er identifizierbar bleibt. Denn hinter der anonymen Maske und nach ausgiebigem Alkoholkonsum kam es öfters zu Ausschreitungen oder Belästigungen.

In Tirol tragen diese Teufelsgestalten vielfach höchst kunstvoll geschnitzte und präparierte Masken. Wenngleich sich auch hier amerikanische Sitten und Satansmasken breitmachen, die nichts mit dem traditionellen Krampelerlaufen zu tun haben. Denn in Tirol ist die sogenannte Larve mit einem übergeordneten Symbol versehen, mit zwei Hörnern. Der Teufel selbst wird meist mit einem weit aufgerissenen Maul, bleckenden Zähnen und Augen dargestellt, um den Betrachtern das Fürchten zu lehren. Die Kleidung besteht aus Ziegen- oder Schaffellen, als Gürtel dienen rasselnde Ketten, an denen eine oder sogar mehrere Glocken angebracht sind.

106 Die Masken der Krampeler werden von eigenen Maskenschnitzern hergestellt. Einer davon ist Norbert Danler aus dem Wipptal. Seit nunmehr 40 Jahren fertigt er die Masken aus Zirbenholz an, die sich in seinem Atelier am Mühlbach in Ellbögen türmen. Der Ort für die Werkstatt könnte für einen Krampelermaskenschnitzer nicht besser gewählt sein: Hier ist es so

richtig unheimlich, das Atelier ist an einem steil abfallenden Bach gelegen und wird bis zu Mittag kaum von der Sonne beschienen. Neben einer Vielzahl verschiedener Masken und Maskenrohlingen beleben aber auch hölzerne Edelweißschnitzereien und Krippenfiguren die Werkstatt. Nicht zu übersehen sind die massiven Hörner, die in der Werkstatt hängen und nur darauf warten, in die Masken eingearbeitet zu werden.

Norbert Danler wird immer wieder gefragt, was denn eigentlich der Unterschied zwischen den „Krampelern" und den „Schiachperchtn" sei. „Die Krampeler treiben ihr Unwesen zwischen dem 1. und 5. Dezember." Und, ganz wichtig: „Die Anzahl der Hörner ist unterschiedlich. Die Krampusse haben nur ein Paar Hörner, während die Perchten mehrere Paare haben, die in die Larve eingebunden sind." Unterschiede gibt es auch in regionaler Hinsicht. So sind zum Beispiel die Krampusmasken in Osttirol völlig unterschiedlich zu jenen im Wipptal. Und Danler schnitzt eigentlich nur Wipptaler Krampusmasken.

Im Atelier ist keine Maske zu sehen, die genauso aussieht wie eine andere. Nach welchen Vorlagen schnitzt er nun jeweils eine Larve? Das komme auf die Person an, die sie bestelle, sagt Danler. „Ich schnitze quasi eine persönliche, individuelle Maske für jeden." Dazu braucht er mindestens eine Woche. Und der Preis? Der hängt meist von der Qualität der Hörner ab. „Wenn es Steinbockhörner sind, wird's richtig teuer", sagt er. Aber woher bekommt er sie? „Ganz einfach: Wenn ein Jäger einen Steinbock erlegt, präpariert er den Kopf und stellt ihn in seiner Wohnung aus. Seine Nachkommen hängen die Trophäe ab und legen sie auf den Dachboden. Die Enkel sind der Hörner dann überdrüssig und verkaufen sie. So komme ich zu teils gewaltigem Gehörn, was sich natürlich sehr gut auf Masken macht."

Ein Lokalaugenschein im Atelier ist sehr empfehlenswert. Denn neben Larven schnitzt Danler auch Krippenfiguren und allerhand alpine Dekorationen, zum Beispiel wunderschöne, hölzerne Edelweiße. Besucher sind bei Danler jederzeit willkommen, eine telefonische Voranmeldung ist empfehlenswert.

Info

Anreise: Mit dem VVT-Bus Nr. 4141 von Innsbruck bis nach Ellbögen-Mühltal. Das Atelier befindet sich unmittelbar neben der Bushaltestelle.
Kontakt: Larvenschnitzer Norbert Danler, Mühltal 42, 6083 Ellbögen
Tel.: +43/(0)664/1442060

BERGRIESEN UND SMARAGDSEE

Unterwegs im Obernberger Tal

32

In der Liste der schönsten Tiroler „Tagesausflüge" nimmt die beeindruckende Landschaft des Obernberger Tals einen der vorderen Plätze ein. Besonders das legendäre Farbspiel des Obernberger Sees fasziniert.

Das deutsche Magazin GEO erklärte das Obernberger Tal 2017 zu einem „Trendreiseziel des Jahres". Die Gründe liegen auf der Hand: im Sommer eine Landschaft, die von der uralten bergbäuerlichen Kultur geprägt ist; im Winter eine Insel der Ruhe, in der Schneeschuhwandern, Langlaufen, Rodeln und Skitourengehen zu außergewöhnlichen Erlebnissen werden.

Obernberg befindet sich in einem Seitental des Nordtiroler Wipptals, das wiederum zwischen Innsbruck und dem Brennerpass liegt. Man darf ohne jede Übertreibung sagen, dass dieses Tal zu den schönsten Tälern Tirols zählt. Das war den Menschen der Bronzezeit offenbar auch bekannt. Funde belegen, dass die damaligen Bauern schon vor 3500 Jahren ihre Sommer mit den Tieren in dieser einzigartigen Landschaft verbrachten. Und als die Römer Rätien eroberten, schauten sie ebenfalls hier vorbei. Kein Wunder, denn damals wurde in dieser Gegend nach allerlei Erzen geschürft. Und – wie könnte es in Tirol auch anders sein – auch Kaiser Maximilian I. schätzte das Tal. Es gehörte zu seinen liebsten Jagdrevieren.

Ohne es zu wissen, ist die Obernberger Kirche übrigens vielen Österreichern vom Sehen her bekannt. Das idyllische Kirchlein gibt ein von vielen Medien nur allzu oft benutztes Fotomotiv ab. Auf einer kleinen Anhöhe stehend, mit Zwiebelturm versehen und umrahmt von einem Bilderbuch-Bergpanorama ist die St.-Nikolaus-Kirche ein Sinnbild für erhabene Schönheit, Ruhe und Geborgenheit. Aber die Kirche ist nicht die einzige Sehenswürdigkeit in Obernberg. Die zweite versteckt sich lange vor den Augen neugieriger Besucher. Es ist der Obernberger See, bekannt durch seine legendären Farbenspiele im Sommer.

109

Ein Vorteil ist, dass Obernberg mit öffentlichen Verkehrsmitteln von Steinach aus sehr gut zu erreichen ist. Für alle, die es trotzdem vorziehen, mit der eigenen Benzinkutsche anzureisen, ist am Talende ein riesiger Parkplatz vorhanden. Von dort ist es nicht mehr weit zum Obernberger See, den man durchaus als magisch bezeichnen kann. Obwohl viele Bäche in ihm münden, hat er keinen Ausfluss. Das Wasser versickert und tritt später als Obernberger Seebach aus. Nach Überwindung der rund 150 Höhenmeter vom Parkplatz aus liegt er nach rund einer Dreiviertelstunde vor den Wanderern: Im Sommer schillert er in allen Farben. Wie ein Smaragd leuchtet er auf der einen Seite, tief azurblau auf der anderen. Eine Wanderung um den Obernberger See ist – vor allem bei Sonnenschein und Schönwetter – ein einziges Farbspektakel. Aber nicht nur im Sommer zieht der See Einheimische und Touristen gleichermaßen an. Auch im Winter ist er das Ziel vieler Ruhe- und Erholungssuchender. Mit einem kleinen Unterschied: Der Wasserspiegel des Sees fällt im Winter tief ab, da es aufgrund der Kälte an nachfließendem Wasser fehlt. Schnee, und damit die Farbe Weiß, dominiert dann im und um den See.

Bemerkenswert ist der neu geschaffene Winterwanderweg: Beginnend bei der Kirche St. Nikolaus spaziert man – die Bergriesen stets im Blick – in einer außergewöhnlichen Alpenlandschaft auf einem gut präparierten Weg in Richtung Gasthof Waldesruh. Der Weg ist auf einer schönen Trasse angelegt, führt entlang des Seebachs und durchquert eine Landschaft, die von ehemaligen Gletschern geformt wurde und von einem prähistorischen Felssturz – rund 50 Mio. Kubikmeter Felsen krachten von der Kachlwand zu Tal – mitgestaltet worden ist.

Info

Anreise: Mit VVT-Bus Nr. 4145 vom Bahnhof Steinach am Brenner nach Obernberg. Wer den Winterwanderweg benützen will, steigt bei der Haltestelle Berghotel aus. Die letzte Haltestelle Waldesruh ist all jenen zu empfehlen, die zum Obernberger See spazieren wollen.
Website: *www.obernberg-tirol.at*

EINE NEUE ART DES URLAUBS

Die „Schule der Alm" im Valsertal

33

Als Bauern und Hirten aus dem Valsertal vor wenigen Jahren gefragt wurden, weshalb es hier keine Hotels gäbe, antworteten diese quasi im Chor: „Brauch ma ned!" Und Skilifte? „Auch ned!" Von vielen Touristikern jahrzehntelang belächelt, scheint diese beharrliche Ablehnung des Massentourismus nun Früchte zu tragen. Denn Ruhe und Erholung sind wieder gefragt.

Es ist genau diese Einstellung der Einheimischen, die zur „Geschäftsgrundlage" des Bergsteigerdorfes St. Jodok, Schmirn, Vals geworden ist. Man setzt hier auf den „langsamen Tourismus", auf Ruhe, Wandern und Die-Seele-baumeln-Lassen. Und seit 2015 auch auf die „Schule der Alm". Damit verfügt das Bergsteigerdorf über ein ganz besonderes Angebot.

Am Fuße des berühmten Olperer und der bergsteigerisch höchst anspruchsvollen Sagwand-Nord hat sich eine Institution herausgebildet, die in ihrer Art in Tirol völlig neu ist: die „Schule der Alm". Ein Verein, der aus einer Notsituation entstanden ist, die alpenweit zum Problem wird: die Auflassung von Almen und Bergwiesen. Denn die Almwirtschaft wirft nicht nur im Valsertal zu wenig ab, um das Personal fair bezahlen zu können. Die Bergbauern kämpfen auch hier seit Jahren bei sinkenden Erzeugerpreisen und steigenden Kosten um ihre Existenz. Da bleibt keine Zeit, viele der botanisch und biologisch so wichtigen Bergmähder, die mit Maschinen nicht zu erreichen sind, händisch zu pflegen. Obwohl deren Heu, das viel gepriesene „Bergheu", als lupenreine „Tierapotheke" gilt.

„Freiwillige wären gefragt", meinten einige Aktivisten und gründeten zuerst den Verein „Schule der Alm im Valsertal". „Freiwillige, die einige Tage oder Wochen im Sommer mithelfen, Almen und Bergmähder zu pflegen", präzisiert Helga Hager, Sennerin auf „Helgas Alm" im Inneren Valsertal das Hauptziel der „Schule der Alm". Aber vorher sollten die künftigen Aktivisten quasi einen Crashkurs in Sachen Berglandwirtschaft erhalten. Die Idee des „Grundkurses der Schule der Alm" war geboren.

112

Die Almlehrer, allesamt ehrenamtlich tätig, stammen aus dem Valsertal, sind Bergbauern oder haben langjährige Erfahrung in der Berglandwirtschaft. Zu den „Hauptfächern" der Schule gehören das Sensenmähen, der

Helga Hager

33

Bau von Schrägezäunen, die Sanierung der Bewässerungskanäle, hierzulande Waale genannt. Als „Nebenfächer" gelten der Trockensteinmauerbau, die Pflege von Almwegen, Kräuter- und Bienenkunde und die Betreuung der Ziegenherde von „Helgas Alm". Die Schüler dürfen der Sennerin auch über die Schulter schauen, wenn sie ihren für Tirol einzigartigen Ziegenfrischkäse zubereitet.

Die Reaktionen vieler „Absolventen" sind euphorisch: „Ich habe im Urlaub noch nie so wunderbare vier Tage erlebt wie im Valsertal", schreibt einer der Teilnehmer in einer E-Mail. Andere versprechen hoch und heilig, künftig im Sommer als Freiwillige ins Tal zurückzukehren, um mitzuhelfen, die zuwachsenden Bergmähder und Almen offen zu halten. „Ich will mich für die Erhaltung dieser jahrhundertealten Kulturlandschaft einsetzen", meint ein anderer Absolvent der Schule. Für ihn seien gepflegte Almen und Bergwiesen Denkmäler bergbäuerlicher Kultur, die absolut erhaltungswürdig seien.

„Das Offenhalten dieser Hochweiden und -mähder ist von außerordentlicher Bedeutung", sagt der Naturschutzbeauftragte Mag. Klaus Auffinger, auch er Lehrer in der „Schule der Alm". Dass jetzt Freiwillige mithelfen, die uralten Kulturlandschaften zu erhalten, freut ihn sehr. „Denn die Bergmähder sind eine einmalige Ansammlung vieler Pflanzen, die nur dann gedeihen, wenn die Mähder gemäht werden und damit die Verbuschung verhindert wird. Wo Büsche sind, können keine Gewürzpflanzen wachsen. So einfach ist's." Und wer nicht weiß, ob der Grundkurs für ihn etwas ist: Bei einem Besuch von „Helgas Alm" im Inneren Valsertal werden gerne weitere Auskünfte erteilt.

Info

Anreise: Die „Schule der Alm" hat ihr Basislager auf „Helgas Alm" im Inneren Valsertal. Anreise mit dem VVT-Bus Nr. 4144 vom Bahnhof Steinach a. Brenner bis zur Endstation „Touristenrast". Für Autofahrer steht am Talende in unmittelbarer Nähe von „Helgas Alm" ein Parkplatz zur Verfügung.

Kontakt: „Helgas Alm" ist nur zur Sommerzeit bewohnt. Sie ist Teil der Nockeralm im Inneren Valsertal. Weitere Informationen über die Website.

Website: *www.schulederalm.at*

33

STEIN-REICH UND GLETSCHERTEICH

Die Stoamandln von Erich Gatt auf der Zeischalm

Hoch über einem der idyllischsten Täler Tirols hat Erich Gatt sich und seiner Familie ein Denkmal gesetzt. Er befreite mehr als 40 Jahre lang den Boden der Zeischalm von Steinen und schuf mit ihnen eindrucksvolle Skulpturen, Hunderte Meter Mauern und ein großes Stallgebäude.

Die Zeischalm im Inneren Valsertal gehört mit Sicherheit zu den abgelegeneren Almen Tirols. Auf 2000 Metern Seehöhe gelegen, erleichtern weder ein Fahrweg noch ein Lastenaufzug oder eine Seilbahn den Zugang. Die „Zeisch", wie sie von den Einheimischen liebevoll genannt wird, ist nur zu Fuß über einen schmalen Steig erreichbar. Wie zu Urzeiten der Almwirtschaft wird alles, angefangen von den Lebensmitteln über Einrichtungsgegenstände, einem kleinen E-Werk, Handwerkszeug bis hin zu Baustoffen mit einer Kraxe am Rücken heraufgetragen. Die Mindestaufstiegszeit beträgt eineinhalb Stunden für die rund 600 Höhenmeter.

Vor mehr als 40 Jahren hatte Erich Gatt (er trägt im Valsertal den Hausnamen „Simeler") gemeinsam mit seiner Familie begonnen, die durch eine Lawine zerstörten Almgebäude wieder aufzubauen. Mit der Alm seit Kindertagen verbunden, widmete er sich Sommer für Sommer dieser schweißtreibenden Tätigkeit. Aufgrund der schwierigen Erreichbarkeit gab es für ihn keine Alternative zum Trockensteinmauerbau. Aus dieser Not hat Erich eine Tugend gemacht. Das Stallgebäude mit seinen beachtlichen Ausmaßen von 28 x 7 Metern ist genauso auf diese Weise errichtet wie die zahlreichen Hegezäune um die Alm. Sie sind nötig, wenn ein Wintereinbruch ihn als Hirten zwingt, die etwa 50 Stück Vieh in den Stall oder zumindest in ein abgetrenntes Areal zu treiben. Aber die Wirtschaftsgebäude sind nur die eine Seite Gatt'scher Baukunst.

Rund 100 Höhenmeter weiter Richtung Talende, am Fuß der Spitze des mächtigen Kraxentragers, hat er ein wahrhaftiges Gesamtkunstwerk geschaffen. Die „Wildau", so wird die wunderschöne Hochfläche genannt, ist ein für Tirol einzigartiges Freiluftmuseum. Schon beim Aufstieg passiert man zwei riesige „Stoamandln". Diese knapp fünf Meter hohen Monumente hat Erich Gatt quasi „nebenbei errichtet", wie er sagt. Denn die einstige

Erich Gatt

34

Almfläche war vor einigen Jahrzehnten über und über mit Steinen bedeckt, die von einem Unwetter hergetragen worden waren. Und weil ihm „Ordnung" auch auf der Alm über alles geht, begann er, die Steine auszugraben und in Form der Steinmännlein aufzuschichten.

Am hinteren Ende der Wildau ragt ein Menhir knapp vier Meter in den Himmel. Weshalb er Steine aufrichtet? „Weil sie so erst zur Geltung kommen", lautet die Antwort des Steinkünstlers. Gatt hat aber auch „Wasserspiele" geschaffen, kleinen Bächlein den Weg „geebnet" und einen einzigartigen Teich in Herzform geschaffen. Denn seine – mittlerweile erwachsenen – Kinder sollten ja im Sommer auch in dieser Höhe baden können, wie er sagt. Dass der Teich mit purem, eiskaltem Gletscherwasser gespeist wird, ficht Erich Gatt kaum an. Denn in dieser Höhe sei man nicht mehr wehleidig, meint er.

Ein anderes Alleinstellungsmerkmal der Zeisch ist ein in Tirol wohl einzigartiger Almauftrieb. Mitte Juni werden die meisten Rinder von ihren Besitzern und Hirten quasi an der Leine bis zur Alm geführt. Weshalb? Die Tiere passieren im Verlauf des Aufstieges insgesamt fünf mehr oder minder brausende Wasserfälle. Und da es bereits zu Abstürzen von Tieren gekommen ist, die gescheut hatten, will man jedes Risiko vermeiden.

War die Zeisch lange Zeit ein Geheimtipp für Einheimische, wird Erich Gatt mehr und mehr auch von Gästen des Valsertales aufgesucht. Und wenn sie Glück haben, exerziert er eine Kunst, die früher zur Verständigung zwischen den Almen diente: das „Schnölln", wie das Peitschenknallen hierzulande genannt wird.

Info

Anreise: Die Zeischalm ist von Innervals aus nur zu Fuß erreichbar. Mit dem VVT-Bus Nr. 4144 vom Bahnhof Steinach a. Brenner nach Vals-Touristenrast, dann der Beschilderung zur Zeischalm bzw. zur Europahütte folgen. Bei Anreise mit dem Pkw steht ein gebührenfreier Parkplatz im Inneren Valsertal zur Verfügung.
Aufstieg: ca. 1,5 bis 2 Stunden. Die Alm ist nicht bewirtschaftet. Mit etwas Glück ist jedoch Erich Gatt anwesend.

118

MIT DEM DAMPFROSS ZU TIROLS PARADESEE

Das technische Wunder der Achenseebahn

35

Die Reise mit der nostalgischen Achenseebahn beginnt am Bahnhof Jenbach und führt über eine steile Zahnradtrasse zum größten See Tirols, dem Achensee.

Hermann heißt eines der vier dampfenden Stahlrösser, die leicht vornüber-gebeugt einen uralten Waggon der Achenseebahn quasi „auf die Hörner" nehmen und den Berg hinaufschieben. Die Dampflok aus dem Jahr 1889 ist für ihr Alter noch ziemlich rüstig. Denn immerhin muss sie den Waggon samt Passagieren über die steile Zahnradtrasse schieben, die eine Höchst-steigung von 16 Prozent aufweist. Das Schieben erfolgt übrigens aus Sicher-heitsgründen. Am Scheitelpunkt in Eben am Achensee wird nach rund 30 Minuten Fahrzeit eine erste Verschnaufpause eingelegt. Nicht etwa, um das Gerät abkühlen zu lassen. Hier befindet sich die einzige Ausweichstrecke, auf der die Dampflokomotive vor den Waggon gespannt werden kann. Von hier an geht es abwärts bis zum Endbahnhof Seespitz, wo meist schon die Dampfer der Achenseeflotte auf Gäste warten.

Man darf durchaus Respekt haben vor dieser technischen Meisterleistung, die den Ingenieuren da vor mehr als 125 Jahren gelungen ist. Sie konzipier-ten die Achenseebahn als eine „Meterspurbahn", die auf einer Streckenlän-ge von 6,76 Kilometern eine Höhendifferenz von 440 Metern überwindet. Die Voraussetzung dafür ist eine Hauptantriebswelle in Form eines Zahn-rads, das mit der Zahnradtrasse in der Schienenmitte die steile Bergfahrt überhaupt erst möglich macht.

Selbst für technisch Interessierte ist es sensationell, dass die Achense-bahn immer noch mit denselben vier Lokomotiven betrieben wird wie bei ihrer Gründung im Jahre 1889. Und diese tragen alle noch ihre „Taufnamen" von damals: Theodor, Georg, Hannah und eben Hermann. Ihre lange Le-bensdauer hängt erstens mit der damaligen Qualitätsproduktion zusam-men. Zweitens werden Pflege und Service bei der Achenseebahn höchste Priorität eingeräumt. Die Lokomotiven und Waggons werden alljährlich zwischen dem 1. November und dem 30. April einer vollständigen Revisi-on unterzogen. Besondere Beachtung findet dabei die Hauptantriebswelle,

120

also das Zahnrad dieser Zahnradbahn, das mit modernsten Methoden auf etwaige Haarrisse untersucht wird. Für Technikfreaks höchst interessant: Es ist möglich, die einstigen historischen Werkstätten am Bahnhof Jenbach zu besichtigen. Also quasi die Realität einer Werkstatt ohne elektrischen Strom, dafür aber mit Transmissionsriemen und Dampfantrieb.

Interessant sind auch die Bauten, die auf dieser Steiltrasse errichtet worden sind. Da mussten Stützmauern, Durchlässe und Entwässerungsrinnen gebaut werden. Deshalb hat die „Achenseebahn AG" auch einen interessanten Lehrpfad eingerichtet, bei dem alle Formen der Steinbaukunst für eine Eisenbahn besichtigt werden können. Wer sich dieses alte technische Wunderwerk bei einer Führung erklären lassen will, sollte sich einer geführten Wanderung anschließen. Sie beginnt bei der „Bergstation" der Bahn in Eben, die die Passagiere selbstverständlich mit der Bahn erreichen. Nach einem Kaffee beim Kirchenwirt in der Nähe des Bahnhofes beginnt die Reise „talwärts", allerdings zu Fuß.

Natürlich ist der Achensee auch für nicht so Technikaffine eine Reise wert. Wer die Fahrt daher in Eben lieber direkt fortsetzt, fährt – über die nun sanft abfallende Strecke – zuerst nach Maurach und schließlich zur Endstation am Seespitz weiter. Von dort aus können die Gäste ihre Reise entweder per Schiff nach Pertisau, Achenkirch oder zu einer anderen der insgesamt sechs Anlegestationen am See fortsetzen. Eine weitere Möglichkeit ist es, bei Schönwetter auf einem Fußweg entlang des Achensees umgeben

122

von einem herrlichen Bergpanorama rund zwei Kilometer nach Pertisau zu wandern. Es geht vorbei an der neuen Aussichtsplattform am Seeufer, die den Wanderern einen wunderbaren Überblick über den See verschafft, der aufgrund der optimalen Windverhältnisse bisweilen auch das „Tiroler Meer" genannt wird: ein Paradies für Segler und Surfer. Die Rückfahrt zum Seespitz und damit zum Abfahrtsbahnhof der Achenseebahn kann dann bequem per öffentlichem Bus erfolgen.

Info

Anreise: Die Achenseebahn startet am Bahnhof Jenbach. Es ist aber auch möglich, den Achensee mit VVT-Bussen vom Bahnhof Jenbach aus zu erkunden. Mit dem Bus Nr. 8332 erreicht man Maurach und Pertisau. Wer in Richtung Achenkirch will, steigt dort in den Bus Nr. 9550 um.
Kontakt: Achenseebahn AG, Bahnhofplatz 1–3, 6200 Jenbach
Tel.: +43/(0)5244/62243; E-Mail: info@achenseebahn.at
Website: *www.achenseebahn.at* (Informationen über Preise, Öffnungs- und Abfahrtszeiten sowie spezielle Angebote)

Das technische Wunder der Achenseebahn

VON TEUFELN, SCHLANGEN UND ALTEN MAUERN

36

Der Burgschrofen bei Mayrhofen im Zillertal

Der Burgschrofen in Burgstall bei Mayrhofen ist nicht nur ein auffallender Hügel, er ist auch für allerhand schaurige Sagen und Erzählungen gut. Seit Jahrhunderten hält er die Menschen im Zillertal in seinem Bann. Zudem kann eine einzigartige Rundkirche besichtigt werden.

Am Burgschrofen soll sogar der Teufel sein Unwesen getrieben haben. Auch ein Zwerg sei bisweilen aufgetaucht und hätte von einem riesigen Schatz erzählt, der tief im Fels versteckt sei. Auch soll eine weiße Schlange mit einem goldenen Schlüssel im Maul herumgekrochen sein. Wer ihr den Schlüssel entreiße, könne das Tor zum Schatz aufsperren, weiß die Legende. Doch auch für Menschen, die lieber in der Realität verweilen, ist der Burgschrofen sehenswert. Es gibt dort eine einzigartige Rundkirche. Forschungen haben ergeben, dass dieser Platz vermutlich bereits in vorgeschichtlicher Zeit ein Kulthügel gewesen sein könnte.

Die jüngere Geschichte des Burgschrofens ist untrennbar mit einem Namen verbunden: Stefan Wechselberger. Der gebürtige Burgstaller war schon als kleiner Bub fasziniert vom Burgschrofen. Er ist überzeugt, dass der Hügel noch Rätsel enthält, die gelüftet werden können.

Ein erster Teil des Geheimnisses um den Burgschrofen wurde bereits 2016 im Rahmen einer archäologischen Ausgrabung gelüftet. Die Archäologen fanden Mauerreste, die mit großer Wahrscheinlichkeit aus dem Frühmittelalter (500–1000) stammen. Eine kleine Sensation, die sogar europaweite Bedeutung hätte. Als „Draufgabe" ist eine weitere Erkenntnis evident: Der Name Burgstall weist weniger auf eine Burg als auf eine Siedlung hin. Stand auf dem Burgschrofen also einst ein Dorf? Auszuschließen ist das nicht.

Aber was ist nun mit der weithin sichtbaren und in der Form ungewöhnlichen **124** Rundkirche „Zu unserem gekreuzigten Heiland"? Sie wurde 1844/45 als Mahnmal erbaut. Die brutalen Ereignisse um die Ausweisung der Zillertaler Protestanten im Jahr 1837 sollten in Form eines Mahnmales verewigt werden. Eine Besichtigung des Kirchleins ist absolut empfehlenswert. Nicht nur der Fresken wegen. Eine Krypta, die begehbar ist, ist äußerst interessant. Sie

ist vollständig ausgemauert und enthält eine Darstellung des Grabes Christi, wie es in vielen katholischen Kirchen Tirols am Karsamstag gezeigt wird. Bei genauem Hinschauen wird am Ende der Treppe ein Fußbodenbelag aus runden, eng aneinandergefügten und hochgestellten Kieselsteinen sichtbar. Genauso wurden Böden in der Romanik und Gotik gestaltet. Das lässt vermuten, dass die jetzige neubarocke Kirche auf dem Platz einer älteren Kirche oder gar eines uralten Kultplatzes errichtet worden ist. Die These, wonach alte Kultplätze in Tirol quasi über einen „Hochaltar" in Form dreieckiger oder pyramidenförmiger Felsspitzen in der näheren Umgebung verfügten, spricht ebenfalls eindeutig dafür, dass der Burgschrofen bei Mayrhofen bereits in der Vorgeschichte ein bedeutender Kultplatz war: Die Ahornspitze erscheint dem staunenden Betrachter von der Eingangstüre der Kirche aus als wunderschön geformtes Dreieck, eigentlich als Pyramide.

Der sogenannte „Teufelsstein" unterhalb der Kirche, eine Steinplatte mit drei tiefen, kreisrunden Löchern, ist ein weiteres wichtiges Indiz dafür, dass bereits vorchristliche Religionen diesen Platz schätzten. Seinen Namen verdankt er allerdings einer Sage: Der Teufel soll dereinst hier auf die betende Jungfrau Maria getroffen sein und habe sich mit seinen Krallen am Untergrund festhalten wollen, bevor er in der Tiefe verschwand.

Info

Anreise: Mit dem Auto oder öffentlichen Verkehrsmitteln (Zillertalbahn) nach Mayrhofen. Von dort aus entweder mit dem Auto ca. 1,5 Kilometer weiter nach Burgstall auf die linke Seite der Ziller. Zu Fuß erreicht man den Bergschrofen im Rahmen einer zweistündigen Rundwanderung vom Europahaus in Mayrhofen, vorbei am Bahnhof bis zur Ziller-Promenade und dem „Gasthof Zillertal". Nach der Materialseilbahn Zimmereben führt der Weg Nr. 12 bis zur Horbergbahn. Dort angekommen, folgt man der Straße bis zur Ziller-Promenade. Hier geht es zurück Richtung Mayrhofen.

126

EINE WALLFAHRTSKIRCHE ALS IMMOBILIE

Maria Brettfall bei Strass im Zillertal

Maria Brettfall ist nicht nur ein Ort gläubiger Kontemplation. Das Ensemble steht auch für die Geschäftstüchtigkeit der Zillertaler: Wer als Einsiedler einst diese Schenke samt Kapelle übernehmen wollte, musste sie vorher käuflich erwerben. Heute lockt vor allem die wunderbare Aussicht ins Inntal.

Maria Brettfall ist vermutlich vielen Bahnfahrern bekannt. Das in hellem Weiß strahlende Ensemble mit dem typischen Zwiebeltürmchen auf einem Felsvorsprung hoch über Strass im Zillertal ist auf der Strecke zwischen Wörgl und Jenbach gut zu sehen. Für Wallfahrer und Jakobspilger bildet das Kirchlein eine beliebte Station auf dem Weg nach Santiago de Compostela. Der Aufstieg auf die in 700 Metern Seehöhe gelegene Wallfahrtskirche erfolgt von Strass aus und führt nach Überquerung der Schienen der Zillertalbahn zu einem Parkplatz. Über einen sanft ansteigenden Pfad gelangt man auf einem geschotterten Gehweg nach Brettfall. Hochinteressant wird es für jene Wanderer, die von Maria Brettfall aus weiter nach Rotholz gehen. Denn sie passieren mit der Burgruine Rottenburg im Wald bei Buch ein Bauwerk, das eine wichtige Rolle im Tiroler Volksglauben spielt. Die heilige Notburga (1265–1313) wirkte hier im späten 13. Jahrhundert und verteilte heimlich die Essensreste ihrer Herrschaft an Bettler und Arme. Notburga wurde durch ihre Mildtätigkeit und durch ihren Einsatz für die Rechte der Knechte und Mägde zur Tiroler Volksheiligen und wird als Schutzpatronin der Dienstmägde und der Landwirtschaft verehrt.

Doch zurück zur Kirche Maria Brettfall: Wie viele Wallfahrtskirchen und -kapellen in Tirol wurde auch Maria Brettfall mit größter Wahrscheinlichkeit auf einem uralten keltisch-rätischen Kultplatz errichtet. Woher der Name stammt, bleibt umstritten. Zwei Erklärungen kommen in die engere Wahl: Er könnte einerseits vom lateinischen „super vallem" hergeleitet sein, was „über **127** dem Tal" bedeutet. Oder aber er geht auf das lateinische „prae vallum", zurück, was „vor dem Wall" heißt. Historisch wahrscheinlicher ist die zweite Variante, denn die Räter versahen ihre Kultplätze mitunter mit einem Wall. Stoff Weymoser erbaute 1536 die erste Klause mit einem grandiosen Blick auf den Taleingang ins Zillertal. Er dürfte denn auch die Idee gehabt haben, die Eremitage irgendwann einmal gewinnbringend zu verkaufen. Denn zu seiner Zeit war das Wallfahren en vogue. Zu groß war damals die Furcht vor ewiger Verdammnis, die nur durch fromme Ablässe, milde Gaben und eben Wallfahrten sonder Zahl zu verhindern war. Da Weymoser einen lukrativen Glaubensbetrieb mit angeschlossener Schenke aufbaute, war es für ihn als geschäftstüchtigen Zillertaler logisch, von seinem Nachfolger eine Ablöse zu verlangen. Man wollte ja im Alter dem Tod nicht hungrig, frierend und verarmt entgegenfretten. Und so wurde es auch in der Folgezeit üblich, Maria Brettfall jeweils zu kaufen, um anschließend als Wirt und Eremit in Personalunion seinen Lebensunterhalt zu finanzieren.

Einer der berühmten Eremiten in Maria Brettfall war Franz Margreiter aus Alpbach, „Brettfall-Franzl" genannt. Gleich zweimal hätte er beinahe durch die politischen Ereignisse die Grundlage seines Lebensunterhalts verloren. Das erste Mal 1786, als Kaiser Joseph II. im Zuge seiner Klosterreformen Maria Brettfall schließen ließ. Und das zweite Mal 1810, als die Besatzungsmacht der Bayern dasselbe vorhatte. In beiden Fällen wehrte sich Brettfall-Franzl nach Kräften und erreichte schon jeweils ein Jahr später die Wiedereröffnung. Sein Ende war allerdings tragisch: Er kam 1829 bei einem Brand der Einsiedelei ums Leben.

Die Aussicht von Maria Brettfall hinunter ins Zillertal und das Inntal ist auf jeden Fall einzigartig. Aber auch der weitere Weg zur Burgruine Rottenberg und zurück nach Rotholz ist hochinteressant. Der Wald verbirgt die Reste jener Burg, die in ihrer Hochblüte eine der wichtigsten Tirols gewesen ist und als Wirkungsstätte der heiligen Notburga auch religionsgeschichtliche Bedeutung hat.

Info

Anreise: Öffentlich mit der Zillertalbahn bis Strass im Zillertal. Von dort zu Fuß den ausgeschilderten Weg nach Brettfall nehmen. Wanderdauer: ca. eine halbe Stunde. Mit dem Auto bis zum Parkplatz am Fuß der Wallfahrtskirche.

128

Kontakt: Brettfall 38, 6261 Strass im Zillertal
Tel.: + 43/(0)664/1218801; E-Mail: m.brettfall@gmail.com
Website: Weitere Informationen auf der Website der Gemeinde Strass im Zillertal *www.strass.tirol.gv.at* („Kirche und Religion")

37

GOLDENER GERSTENSAFT UND „WASSER DES LEBENS"

38

„Tyroler Imperial Zwickl" aus dem Zillertal und Whisky aus Prutz

Regionale Wirtschaftskreisläufe könnten ein Gegengewicht zu einer aus dem Ruder laufenden Globalisierung darstellen. Zwei Tiroler Vorzeigeprojekte gibt es im Zillertal und im Oberland: Eine alte, regionale Gerstensorte ist jeweils die Basis des ersten, originalen Tiroler Biers des 21. Jahrhunderts sowie von echtem Tiroler Whisky.

2012 begann der Untertösener Biobauer Christian Sturm mit dem bekannten Destillateur Gerhard Maass über neue Wege in der Landwirtschaft zu diskutieren. Das Ergebnis kann als durchaus „nachhaltig" bezeichnet werden. Maass brachte Sturm auf die Spur der nahezu ausgestorbenen Fisser Imperialgerste (siehe Tour 4). Mehr noch: Er begann nach Sturms ersten Ernteerträgen mit den ersten Versuchen eines Gerstenbrandes. „Gerste für die Gerstensuppe ist gut und recht", meint Maass, „aber für die Bauern wäre das ein wenig einträgliches Geschäft." Gerste und Alkohol war eine Kombination ganz nach seinem Geschmack, die für die Bauern und die Produzenten gleichermaßen erfolgversprechend war.

Der vielfach ausgezeichnete Destillateur aus Prutz – der Ort liegt zwischen Landeck und dem Reschenpass – hatte vorher nie daran gedacht, Whisky zu brennen. Denn seine „Turabauer Maass Brände" stammen allesamt aus Tiroler Früchten. Und Gerste für einen Whisky durch die halbe Welt zu karren war ihm ein Gräuel. „Aber die Fisser Imperialgerste hat mich motiviert, einen Gerstenbrand zu versuchen", sagt er heute. Ebenfalls von Anfang an dabei und verantwortlich für den wieder zunehmend verbreiteten Anbau des autochthonen Korns: das Unternehmen „Zillertal Bier". Die Gerste wurde so der Ausgangspunkt von zwei völlig neuen, absolut edlen und **130** nachhaltigen Tiroler Produkten.

Produkt Nummer eins ist Ende 2017 auf den Markt gekommen: das „Tyroler Imperial Zwickl" von Zillertal Bier. „Aber vor dem Erfolg sind sehr viele Versuche gestanden", sagt Peter Kaufmann, Braumeister in der Brauerei in Zell am Ziller, in der seit 500 Jahren gebraut wird. Hier wird übrigens auch

38

Peter Kaufmann

Gerhard Maass

das berühmte „Gauder Bock" für das „Gauder Fest", das immer Anfang Mai stattfindet, hergestellt. Der Hauptgrund für die lange Entwicklungszeit einer neuen, Urtiroler Biersorte: Der Eiweißanteil der Fisser Imperialgerste ist um etwa 50 Prozent höher als jener der üblichen Braugerste. Für die Sättigungswirkung des Getreides als Futtergerste oder in einer Gerstensuppe ist das ein enormer Vorteil. Einen Braumeister stellt diese Tatsache aber vor einige Probleme, unter anderem aufgrund der enormen Schaumentwicklung.

Aber das Ergebnis vieler Versuche kann sich sehen und schmecken lassen: ein Gerstensaft mit einem Schaum und einem Geschmack, die sich ganz massiv von herkömmlichen Bieren unterscheiden. Da steht nicht nur Tirol auf der Flasche, da ist auch tatsächlich Tirol drin.

Das zweite Produkt, das mit der Fisser Imperialgerste hergestellt wird, ruht noch in Fässern aus Ybbstaler Eiche. Es ist ein Gerstenbrand, der zum ersten Urtiroler Whisky heranreift: „Mindestens drei Jahre lang", erklärt sein Erzeuger Gerhard Maass. Und die Qualität? „Sensationell", sagt er. „Eiweiß ist der Geschmacksträger des Whiskys und das ist in der Fisser Gerste in großem Maß vorhanden." Noch bevor Maass begonnen hat, den Whisky zu verkaufen, hat er ihn beim „World Spirits Award" eingereicht und sensationelles Doppelgold erreicht. Ab Sommer 2018 wird der erste Whisky aus **132** dem Brand der Fisser Imperialgerste käuflich zu erwerben sein. Allerdings muss man sich nach Prutz zum Turabauer Maass bemühen.

Was an beiden Projekten neben der Regionalität und Nachhaltigkeit überzeugt: Die Bauern, die die Gerste nach Biorichtlinien anbauen, erhalten dafür das Vierfache des Weltmarktpreises.

Info

Anreise: Nach Prutz öffentlich ab dem Bahnhof Landeck mit dem VVT-Bus Nr. 4218, 4236 oder 4220. Nach Zell am Ziller kommt man mit der Zillertalbahn ab Jenbach.

Kontakt:

Turabauer Maass, Kaunertaler Straße 3, 6522 Prutz
Tel.: +43/(0)650/5227717; E-Mail: maass@aon.at
www.maass-brand.at
Zillertal Bier, Bräuweg 1, 6280 Zell am Ziller
Tel.: +43/(0)5282/2366; E-Mail: verkauf@zillertal-bier.at
www.zillertal-bier.at

„Tyroler Imperial Zwickl" aus dem Zillertal und Whisky aus Prutz

DAS SCHWARZE GOLD TIROLS

39

Bei den letzten Steinölbrennern im Bächental

Tiroler Steinöl wird seit dem Mittelalter als wirksames Mittel bei Gelenksbeschwerden und Durchblutungsstörungen geschätzt. Im Bächental bei Pertisau betreibt die Familie Albrecht den letzten Steinöl-Tagebau Tirols.

Für Martin Albrecht musste es wie im Traum gewesen sein: Als der passionierte Mineraliensammler im Sommer 1908 bei der Suche nach Ölsteinen in einer Almhütte Zuflucht suchte, machte er den Fund seines Lebens. Ein dunkler Stein, den er zufällig ins Feuer warf, begann zu brennen. Die Hütte war auf einem mehr als sieben Millionen Tonnen großen Steinölvorkommen errichtet. Bereits 1902 hatte er im Bereich des Seeberges – nahe der Gaisalm am Achensee – dunkelbraune Felsbrocken gefunden, die das wertvolle Steinöl enthielten. Ein von ihm vorgetriebener Stollen war jedoch wenig ergiebig. Überzeugt, dass es mehr davon geben müsse, widmete er sich in den Folgejahren nahezu ausschließlich der Suche nach den brennbaren Steinen, bis er sie im Bächental, einem Seitental des Karwendels, bei der besagten Almhütte fand. Schon am nächsten Tag meldete er bei der damaligen Berghauptmannschaft in Hall die Schürfrechte und das sogenannte Grubenfeld an, in welchem das Familienunternehmen heute noch Ölschiefer abbaut.

Steinöl erfreut sich in der Tiroler Volksmedizin seit Jahrhunderten großer Wertschätzung. Die Entstehungsgeschichte des Ölschiefers begann bereits vor 180 Millionen Jahren, als sich in strömungsarmen Bereichen des Urmeeres Tethys abgestorbene Organismen ansammelten, welche von Sediment überlagert und durch den zunehmenden Druck schließlich versteinert wurden. Diese Schicht wurde mit der Gebirgsbildung auf 1400 Meter Seehöhe gedrückt.

Im Mittelalter wurde das Öl in Tirol und Bayern durch sogenannte Ölträger und Arzneihausierer verbreitet. Denn das Tiroler Steinöl gilt durch den in **134** ihm gebundenen Schwefel als vielfältiges Naturheilmittel bei Gelenksbeschwerden, Durchblutungsstörungen und Problemen mit dem Bewegungsapparat. Heute wird es auch bei der Behandlung von Hautproblemen wie Akne oder Schuppenflechte eingesetzt. Bei kleineren Verletzungen wirkt die sogenannte „Zugsalbe" ebenso wie bei Rheumabeschwerden.

Tirols letzter Steinöl-Tagebau wird heute noch im Bächental in der Nähe des Achensees auf rund 1500 Metern Seehöhe von der Familie Albrecht als reines Familienunternehmen betrieben. Während der Sommermonate von Juli bis Oktober ist es möglich, eine der wohl interessantesten und exklusivsten Führungen im Karwendel mitzumachen. Die Besucher wandern nämlich auf den Spuren der alten Steinölbrenner über den bis 1972 einzigen bestehenden Verbindungsweg vom Achental ins Bächental zur dortigen Steinölbrennerei. Und somit zum eigentlichen Herzstück der Produktion (Informationen zur Voranmeldung im Infoblock rechts).

Bemerkenswert ist die Extraktion der ölhaltigen Bestandteile des rund 180 Millionen Jahre alten Ölschiefers. Nach der mechanischen Zerkleinerung der Schiefersteine werden diese in eine Schwelanlage befördert. Das Öl wird in einem Destillationsvorgang gewonnen. „Grundsätzlich geht es darum, das im Schiefer enthaltene Öl mit Wärme in ein Schwelgas zu verwandeln, das dann in einem Kondensationssystem zu Tiroler Steinöl verflüssigt wird", erklärt Hermann Albrecht, einer der Enkel des Firmengründers. Zur endgültigen Verarbeitung freigegeben wird es erst nach mehrmaligen Filtrationsprozessen und einer Laborkontrolle.

136

„Die kosmetischen Wirkungen von Steinöl werden immer mehr geschätzt", freut sich Hermann Albrecht. Das kann er auch aus den Besucherzahlen des Erlebniszentrums „Vitalberg" in Pertisau ableiten. Mehr als 70.000 Menschen informieren sich hier jährlich in einem einzigartigen, interaktiv gestal-

teten Erlebnismuseum mit der pyramidenähnlichen Dachkonstruktion über das Steinöl, seine Entstehung, den Abbau des Ölschiefers bis hin zur Umwandlung in das für Mensch und Tier gleichermaßen wohltuende Steinöl.

Info

Anreise: Öffentlich mit der Achenseebahn vom Bahnhof Jenbach aus bis zum Seespitz mit anschließendem Spaziergang nach Pertisau. Oder mit dem VVT-Bus Nr. 8332 ebenfalls vom Bahnhof in Jenbach bis zur Haltestelle Pertisau-Bergland. Mit dem Auto bis zum Vitalberg (beim Fürstenhaus).
Kontakt: Tiroler Steinöl Vitalberg-Betriebs GmbH
Pertisau 55b, 6213 Pertisau am Achensee
Tel.: +43/(0)5243/20186
Anmeldung zur Wanderung telefonisch unter +43/(0)5246/5300-0 bis 18 Uhr des Vortags oder per per E-Mail bis 20 Uhr des Vortags: wanderprogramm@achensee.com
Website: *www.steinoel.at* (Informationen zu den Produkten und Öffnungszeiten des Museums)

137

Bei den letzten Steinölbrennern im Bächental

DURCH HIMMEL UND HÖLLE AM SCHLUCHTENPFAD

40

St. Georgenberg und die Wolfsklamm

Der Weg zum „dreifachen Wallfahrtsort" St. Georgenberg führt durch die einzigartige Wolfsklamm, die dem Wanderer ein spektakuläres Naturschauspiel bietet. Prädikat: höllisch, aber atemberaubend.

Rathold von Aibling wollte in der Mitte des 10. Jahrhunderts einen Kriegszug der Bayern gegen die marodierenden mongolischen Reiterheere nicht mitmachen. Er desertierte und zog sich in die Berge ob Stans im Unterinntal zurück, wo er eine Klause errichtete. Daraus entwickelte sich in der Folgezeit der weithin berühmte „dreifache Wallfahrtsort" St. Georgenberg.

Der Weg zum Georgenberg führt durch die Wolfsklamm. Nach einem kurzen Fußweg, beginnend im Dorfzentrum von Stans, steht man auch schon an deren Eingang. Hier beginnt der Schluchtenpfad, der 354 Stufen und zahlreiche Steige überwindet, sich unter steilen Felsschluchten hindurchquetscht und spektakuläre Bilder herabstürzender Wassermassen des Stanser Bachs bietet. Die Schluchtenlandschaft der Wolfsklamm – die ihren Namen früher hier streunenden Wölfen verdankt – wird von Kennern als völlig einzigartig in den Alpen bezeichnet. Ein Vorgeschmack auf die Hölle? Wie zum Dank für das Erreichen des „himmlischen Ufers" errichten die Menschen am Ausgang der Klamm seit Jahren kleine Steinmännchen. Unmittelbar danach erscheint hoch über den Köpfen der Wallfahrer, Wanderer und Pilger das Felsenkloster St. Georgenberg. Wie ein Adlerhorst thront der Bau auf einem steil abfallenden Felsvorsprung des Karwendelgebirges. Über die „Hohe Brücke", Tirols älteste Brücke mit einem Steinbogen aus dem Jahre 1497, gelangt man zum Gnadenort.

Der Gründungsmythos Georgenbergs berichtet davon, dass Rathold von Aibling auch eine Pilgerfahrt nach Santiago de Compostela machte. Von dort brachte er ein Marienbildnis mit, das er unter einer Linde beim Kirchlein vis-à-vis des Klosters anbrachte. Der frühe Jakobspilger brachte aber noch etwas ganz Spezielles mit: die Geschichte von „Blutwundern", wie sie allenthalben am Jakobsweg bis heute erzählt werden. Sie sollte sich in der Folge als Segen für Ratholds Nachfolger erweisen. Denn nach einem verheerenden Brand

138

40

im Jahre 1284 und dem damit verbundenen Totalausfall der Einnahmen war guter Rat teuer. Also wurde ab 1310 die Geschichte eines „Blutwunders" am Georgenberg verbreitet. Und prompt strebten die Pilger- und Wallfahrerzahlen – und somit die Geldströme – neuen Höhepunkten zu. Blutwunder sollen nämlich die reale Verwandlung von Wein in das Blut Christi belegen. Ein Rest davon ist heute noch in St. Georgenberg in einem Glasröhrchen zu sehen, das in einer speziellen Monstranz gezeigt wird. Besonders beliebt waren im Mittelalter auch Knochen von Heiligen, die in den Kirchen zur Schau gestellt wurden und allerlei gläubiges Volk anzogen. Im Fall Georgenberg war es der heilige Georg, dessen Gebeine (konkret ein Oberarmknochen) zumindest teilweise gezeigt werden. Und die Marienverehrung war ja auf St. Georgenberg seit den Gründertagen üblich: Hier ist ein gotisches Vesperbild, das eine Pietà zeigt, Gegenstand der Verehrung. Als „dreifacher Wallfahrtsort" zog die Klause somit im Mittelalter Hunderttausende an.

Dass die Benediktiner später ihr Kloster vom Gnadenort ins Tal verlegten, ist durchaus verständlich. Nach der Reformation weigerten sich Bauern immer wieder, den Zins abzuführen. Auch die Wallfahrten gingen stark zurück. Dazu kamen Brände, Lawinenabgänge und andere Unwägbarkeiten, die den Mönchen das Leben schwer machten. Sie warfen das Handtuch und bezogen 1709 ihren neuen Hauptsitz in Fiecht. Und dorthin führt auch der Abstieg. Wer also nicht durch die Wolfsklamm zurück nach Stans wandern möchte, nimmt den Forstweg zum Kloster Fiecht. Eine Wanderung durch wunderschöne Wälder und mit herrlichen Ausblicken auf die Silber- und Fuggerstadt Schwaz ist ein toller Abschluss dieser Rundwanderung.

Info

Anreise: Der Aufstieg kann von Stans oder von Fiecht erfolgen. Von Stans durch die Wolfsklamm und von Fiecht über gut beschilderte Forstwege, auf denen ein totales Fahrverbot herrscht.
Kontakt: Ansprechpartner ist Wallfahrtspriester Pater Anselm Zeller, OSB, 6134 Vomp-Fiecht
Tel.: +43/(0)5242/63786; E-Mail: anselm@st-georgenberg.at
Website: *www.st-georgenberg.at*
Informationen zur Anfahrt, den Öffnungszeiten und zu den diversen Angeboten in St. Georgenberg und Stift Fiecht

DIE GLASSTADT RATTENBERG

Zerbrechliche Kunstwerke aus Österreichs kleinster Stadt

41

Die kleinste Stadt Österreichs beherbergt 405 Einwohner auf knapp elf Hektar Fläche und liegt in Tirol: Rattenberg. Ein Besuch dieses mittelalterlichen Juwels lohnt sich aus mehreren Gründen. Es gehört zu jenen 30 Städten Österreichs, deren gesamtes Stadtgebiet unter Denkmalschutz steht. Und: Rattenberg ist ein Zentrum der Glaskunst in Tirol.

Entstanden ist die Stadt Rattenberg im wahrsten Sinn des Wortes im Schatten des Schlossbergs und seiner darauf thronenden Burg. Wo es Maut einzuheben galt, waren König und Adel im Mittelalter stets zur Stelle. Denn Rattenberg, zwischen Fels und Inn gelegen, diente im Mittelalter als Umschlagplatz für Waren der Innschifffahrt und bildete als Zollstelle die Grenze zwischen Tirol und Bayern.

Apropos Schatten: Dem wollte man in Rattenberg im 21. Jahrhundert zu Leibe rücken. Denn Rattenberg erreichen im Winter vom November bis in den Februar hinein kaum Sonnenstrahlen. Die Lichtakademie des Tiroler Hightech-Unternehmens Bartenbach hatte 2005 ein Konzept erarbeitet, das mittels zweier Spiegel den Altstadtteil mit Tageslicht versorgen sollte. Das Projekt wurde zum Leidwesen vieler Rattenberger jedoch nicht umgesetzt.

Rattenberg ist eine sogenannte „Inn-Salzach-Stadt", ausgeführt in einem Baustil, der sich in vielen Altstädten dieser Region findet. Das hervorstechendste Merkmal ist die nach oben gezogene Häuserfront, die meist das Dach verdeckt und den Anschein eines geschlossenen Ensembles gibt. Diese Bauweise diente nicht nur der Ästhetik, sondern vor allem dem Brandschutz. Eindrucksvoll belegt wird das in Rattenberg von der Südtiroler Straße. Und: Die Kirche ist örtlich vom Marktplatz getrennt. Der Sinn dahinter: Händler gehören nicht einmal in die Nähe des Tempels.

Es war dann Kaiser Maximilian, der es schaffte, Rattenberg Tirol einzuverleiben. Denn der „letzte Ritter" nahm seinen bayerischen Gegenspielern 1505 nicht nur Rattenberg, sondern gleich auch Kufstein und Kitzbühel samt den umliegenden Gemeinden ab. Ab Mitte des 16. Jahrhunderts setzte mit dem Ende des Silberbergbaus in Schwaz – auch Rattenberg hatte davon profi- **141**

tiert – ein wirtschaftlicher Niedergang ein, der durch Kriege und später durch den Bau der Eisenbahn noch verschärft wurde. Die Auflassung der Innschifffahrt und der Rückgang des für Rattenberg so wichtigen Straßen-, Fuhrwerks- und Reisewagenverkehrs wirkten sich sehr nachteilig für die Stadt aus. Erst Mitte des 20. Jahrhunderts begann eine langsame, aber stetige Erholung, die vor allem dem Glas geschuldet ist.

Dass Rattenberg heute als „Glasstadt" gilt, verdankt die Stadt zu einem guten Teil seinem Nachbarort jenseits des Inns. Von venezianischen Glaskünstlern wurde die Glaserzeugung bereits im 16. Jahrhundert nach Tirol gebracht, was dann Mitte des 17. Jahrhunderts zur Eröffnung einer Glashütte in Kramsach führte. Noch heute beherbergt der Ort die einzige Ausbildungsstätte für angehende Glaskünstler, die Glasfachschule Kramsach.

Der eigentliche Startschuss für die Karriere der Stadt als „Glasstadt" erfolgte jedoch im 20. Jahrhundert und ist vor allem mit einem Namen verbunden: Kisslinger. Als Ferdinand Kisslinger 1946 in Rattenberg einen kleinen Glasveredelungsbetrieb gründete, legte er den Grundstein für die bis heute florierende Glasindustrie. Die Glasdynastie stammt ursprünglich aus der Steiermark und ist seit 1640 in dieser Branche tätig. Kein Wunder also, dass Ferdinand Kisslinger schon nach wenigen Jahren seinen Kindern einen Betrieb mit zwanzig Mitarbeitern übergeben konnte.

Heute ist bereits die elfte Generation der Glasspezialisten in ihrem denkmalgeschützten Hauptgeschäft in Rattenberg am Werk. Auf 1000 Quadratmetern und vier Etagen präsentiert das Unternehmen die gesamte Palette seines Schaffens und hat auch seine Tore für Besucher geöffnet. Diese können nicht nur die Kunst der Glasgraveure hautnah beobachten, sondern dürfen sich in der hauseigenen Schauglasbläserei auch selbst als Glasbläser versuchen.

Dass sich Rattenbergs Ruf als Glasstadt verfestigt hat, ist auch den vielen weiteren kleinen Glasbetrieben zu danken, die sich in den letzten Jahrzehnten in Rattenberg einen Namen gemacht haben.

142

41

Info

Anreise: Rattenberg ist über die Inntalautobahn A12 sowie mit öffentlichen Verkehrsmitteln (Bus und Bahn) erreichbar.
Kontakt: Kisslinger Glas, Südtiroler Straße 41, 6240 Rattenberg
Tel.: +43/(0)5337/64142 oder 62317;
E-Mail: glas@kisslinger-kristall.com
Vorführungen in der Schauglasbläserei von Montag bis Freitag von 9 bis 12 und von 13 bis 17 Uhr. Kostenloser Eintritt mit Führungen für Gruppen und Schulen, wofür jedoch eine Anmeldung erforderlich ist.
Website: *www.kisslinger-kristall.com*

143

Zerbrechliche Kunstwerke aus Österreichs kleinster Stadt

ÜBER 200 JAHRE BUNTE VIELFALT

Das Kaufhaus Messner in Brixlegg

42

Einer der letzten traditionellen Kaufläden Tirols ist das Kaufhaus Messner in Brixlegg. Im Tiroler Schicksalsjahr 1809 gegründet, ist es das älteste ununterbrochen tätige Kaufhaus des Landes – vielleicht sogar Europas.

Die Kunden machen schon beim Betreten des Hauses eine Zeitreise in eine Epoche, in der man in solchen Geschäften – außer Lebensmitteln – eigentlich alles erhalten hat. Das von außen eher unscheinbare Haus im Zentrum von Brixlegg beherbergt einen jener „Kaufläden", wie sie noch vor 40 oder 50 Jahren gang und gäbe waren. Geschäfte, die von landwirtschaftlichen Geräten und Werkzeug über Haushaltsgegenstände, Stoffe, Textilien bis hin zu Knöpfen, Tand und Spielzeug alles auf Lager hatten, was das Herz der Landbewohner erfreute. Und in dem anstelle einer Musikberieselung die fröhliche Stimme der Chefin zu hören ist. Schon unmittelbar hinter der Eingangstür eröffnet sich ein wahres Labyrinth, ja ein Panoptikum mit verästelten Gängen, die teilweise sogar in Sackgassen enden. Hunderte, ja Tausende verschiedener Waren erstrecken sich scheinbar ungeordnet und teils grandios aufgetürmt vor dem staunenden Kunden: Hüte neben Hohleisen, Geschenkartikel, Gartenzwerge, Geschirr und Gmundner Keramik neben Arbeitskleidung und Autolack im selben Regal.

In den Mittelpunkt des Labyrinths vorgedrungen, steht man vor der „Königin" dieses Kaufhauses, vor der Chefin, der gute Laune verbreitenden Maria Messner. Aber man steht dort meist nicht allein. Im Gegenteil: Es ist normal, dass man sich geduldig in eine Warteschlange einreiht. Ganz so wie früher. Das Verkaufspult ist sozusagen die Seele des Kaufladens. Hier werden Lieferscheine und Rechnungen händisch ausgestellt, Schrauben abgezählt, 100er-Nägel abgewogen und Beratungsgespräche geführt. Fragen, wo man was findet, werden wie aus der Pistole geschossen beantwortet. Und natürlich wird hier auch bezahlt. Seit geraumer Zeit ist das sogar mit Karte möglich, eines der wenigen Zugeständnisse an die moderne Zeit. Wer das Kaufhaus Messner im Internet sucht, wird verzweifeln. Eine Website gibt es nicht, genauso wenig kann man eine E-Mail schicken. „Das alles brauchen wir nicht", sagt Maria Messner. „Wer dringend etwas wissen will,

144

42

kann uns ja telefonisch erreichen." Dass auch noch der guten alten Mittagsruhe gehuldigt wird, versteht sich von selbst. Das ist auch die Philosophie der Chefin: „So wie es immer war, soll es auch in Zukunft sein. Denn daran sind unsere Kunden gewöhnt und sie schätzen das auch." Ganz offensichtlich ist diese Strategie sehr erfolgreich. Wie auch die Produktpolitik des Kaufhauses Messner. „Wie viele verschiedene Produkte wir in den Regalen haben, kann ich nicht einmal sagen", lacht die Besitzerin. „Ich sollte einmal ernsthaft mit meinem Steuerberater reden, ob der die genaue Anzahl kennt. Aber 10.000 sind es sicher." Denn das, was „normale Kunden" zu sehen bekommen, ist ja beileibe nicht alles. Das Kaufhaus Messner hat auch ein „Backoffice": eine Warenhalle, ein wahrer Wunderraum im hinteren Bereich des Hauses. Er ist durch einen schmalen Gang – vorbei an Verkaufspult und Kassa – erreichbar.

Wer je daran denken sollte, die Küche einer Großkantine oder eines Hotels mit Geschirr auszustatten, ist hier richtig. Auch Besitzer von Almhütten stehen staunend in einer Art alpinem Einrichtungs-Epizentrum: nicht nur Rauchabzugsrohre und Riesenkuhglocken, Reiskocher und Römertöpfe, original Eisenpfannen und Essgeschirr füllen die Regale. Hier gibt es auch eine unüberschaubare Vielfalt an Trinkgläsern, wie sie in kaum einem Supermarkt Europas zu finden sind. Vom Geschirr ganz zu schweigen. Dass urplötzlich Spielzeug in Form von Kindertraktoren und Plastikautos auftaucht, ist vermutlich dem Umstand geschuldet, dass es Kindern hier langweilig wird, wenn ihre Eltern vor lauter Schauen und Auswählen die Zeit vergessen. Mit etwas Quengeln können sie dann ihre Eltern sicher motivieren, eines dieser farbigen Gefährte mit einpacken zu lassen.

Das Kaufhaus Messner beweist, dass es auch in Zeiten des Internetbooms und Geschäftesterbens möglich ist, mit Kundenfreundlichkeit dem scheinbar Unvermeidlichen zu trotzen. Den Erlebnis- und Abenteuerfaktor gibt's beim Einkauf noch gratis dazu.

Info

Anreise: öffentlich mit der Bahn oder VVT-Bussen nach Brixlegg.
Kontakt: Kaufhaus Messner, Marktstraße 37, 6230 Brixlegg
Tel.: +43/(0)5337/62611
Öffnungszeiten: Mo bis Fr 8 bis 12 Uhr und 14 bis 18:30 Uhr,
Sa 8 bis 12 Uhr

146

HEILENDES VOM WILDEN KAISER

Die Latschenbrennerei Hofmann im Kaiserbachtal

Die Produkte aus der Latschenkiefer haben in Tirol eine lange Tradition. Aus dem Latschenkieferöl werden wohltuende Salben und Tinkturen gewonnen. Die von Hand hergestellten Schätze der Familie Lehnert erleben gerade eine wahre Renaissance.

Es ist eine Szenerie, die selbst in Hollywood für Furore sorgen würde: eine kleine, feine Holzhütte mit Geranien vor den Fenstern und Holz an der Hauswand, alles vor dem majestätischen Hintergrund des Wilden Kaisers. Die Latschenbrennerei Hofmann im Kaiserbachtal bei Kirchdorf in Tirol scheint einer Filmkulisse entsprungen zu sein. Die Brennerei ist längst zu einer Institution im Kaiserbachtal geworden. Ein Tal, das inmitten eines wunderbaren Naturschutzgebietes liegt. Erreichbar ist es entweder mit dem Auto von Griesenau über eine Mautstraße oder mit öffentlichen Verkehrsmitteln bis Griesenau. Dann geht es zu Fuß entlang des Kaiserbachs in Richtung Fischbachalm und dann noch einige Hundert Meter weiter bis zur Brennereihütte.

Christine und Manfred Lehnert führen die Latschenbrennerei Hofmann in der dritten Generation. Dass sie das ausgerechnet im Naturschutzgebiet Kaiserbachtal tun, ist eine eigene Geschichte. Begonnen hatte die Großmutter von Christine, Anna Hofmann, im Jahr 1933. Allerdings nicht im Kaiserbachtal, sondern in Kössen. Sie stellte damals schon neben der Latschenkiefersalbe Franzbranntwein her sowie auch Seifen und Badesalz, und verkaufte diese unter dem Namen „Marke Kaiseradler". Die Rezepturen werden immer noch ähnlich gehütet wie die Zutatenliste von Coca-Cola. Auf den Höhen des Kaiserbachtals fand die rührige Latschenbrennerin schließlich einen idealen Platz mit großen Latschenbeständen. Sie baute zwischen der Fischbachalm und der Griesneralm eine kleine, aber feine Brennhütte, in der heute noch von Mitte April bis Mitte Oktober das kräftig duftende Öl destilliert wird.

147

Latschenkieferöl ist in der Tiroler Volksmedizin fest verankert. Besser gesagt die Salben, die aus dem Öl der Latschenkieferzweige gewonnen werden. An allererster Stelle steht dabei die Hochgebirgslatschenkiefer-Salbe, im Volksmund auch „Wundersalbe" genannt: ein Produkt, das heute noch in vielen Alpentälern als eine Art „Allheilmittel" gilt. Das Öl ist aber auch der Ausgangspunkt zur Erzeugung von Franzbranntwein – jener Tinktur, die früher gern mit Holzhackern in Verbindung gebracht wurde, die sich damit ihre beanspruchten Muskelpakete eingerieben haben. Aber man mag es ja kaum glauben: Der Franzbranntwein kommt bei jungen Sportlern wieder in Mode.

Wie das Öl gewonnen wird, kann man im Kaiserbachtal live erleben. Der Chef führt Besucher höchstpersönlich durch die Anlage. Und das auch noch gratis. Manfred brennt hier in den Sommermonaten gemeinsam mit Sohn Alexander aus Nadeln und Holz der Latschenkiefer das Öl. Der Vorgang ist ähnlich wie beim Schnapsbrennen: Wasser wird erhitzt, das Öl wird durch Dampfdestillation aus den klein gehackten Zweigen der Latschen extrahiert. Um einen Liter Latschenkieferöl zu destillieren, müssen 600 Kilo Latschenzweige verarbeitet werden. Derzeit werden etwa 15 Kessel pro Sommer verarbeitet. Das heißt mit anderen Worten: rund 9000 Kilo Zweige müssen auf etwa 1300 Metern Seehöhe geschnitten, zu Tal transportiert und zerkleinert werden, um an das edle Öl zu gelangen.

Dieses wird aber nicht in der Brennhütte weiterverarbeitet. Gattin Christine komplettiert den Familienbetrieb mit großem Erfolg in Kössen und stellt aus dem Öl neben den Bestsellern Salbe und Franzbranntwein auch Seifen, Badesalz, Duschgel und Zuckerln her. Sie verzichtet dabei auf Maschinen und füllt die Erzeugnisse von Hand ab, bevor die Produkte nach ganz Europa exportiert werden.

Info

Anreise ins Kaiserbachtal: Mit öffentlichen Verkehrsmitteln von Kirchdorf in Tirol mit dem VVT-Bus Nr. 4000 bis nach Griesenau. Von dort zu Fuß zuerst zur Mautstelle und dann weiter ins Kaiserbachtal in Richtung Fischbachalm. Von dort sind es nur noch wenige Meter zur Brennerei. Mit dem Auto über die Mautstraße direkt zur Latschenbrennerei.
Kontakt: Latschenbrennerei Hofmann–Lehnert, Im Kaiserbachtal 5, 6382 Kirchdorf
Tel.: +43/(0)664/1909496; E-Mail: kaiseradler@aon.at
Geöffnet: Mitte April bis Ende Oktober, 8 bis 18 Uhr. Bei Bussen wird um Voranmeldung gebeten.
Website: *www.latschenkiefer.at*

148

43

WENN DIE MILCH PER SEILBAHN KOMMT

Die BIOSennerei Hatzenstädt in Niederndorferberg

44

Die Herstellung von Rohmilchkäse wird gerne als „altes Handwerk" bezeichnet. Im Fall der BIOSennerei Hatzenstädt darf sogar von „Kunsthandwerk" gesprochen werden. Die Kleinsennerei im äußersten Nordosten Tirols wurde 1991 zum „Käseweltmeister" gekürt und ist seither zur Bio-Triebfeder der ganzen Region geworden.

Neben ihren preisgekrönten Produkten ist die Sennerei Hatzenstädt noch aus einem anderen Grund weit über die Grenzen Tirols hinaus bekannt. Die Milchanlieferung vom Großteil der insgesamt 38 Biobauernhöfe bis zur Sennerei erfolgt mit insgesamt acht Materialseilbahnen, einem regelrechten „Milchnetzwerk" mit einer Gesamtlänge von 4,2 Kilometern. Eine geniale Transportmethode, die seit der Gründung der Sennerei im Jahre 1937 praktiziert wird. „Wir haben sogar zwei Seilbahnwärter angestellt, die den Transport organisieren", erklärt Sennerei-Obmann Heinz Gstir. Das ist nicht der einzige Job des charismatischen Biobauern: Er war auch führend an der Gründung des Tiroler Biolabels „BIO vom BERG" beteiligt, dem er ebenfalls als Obmann vorsteht. Allen Besserwissern zum Trotz hat er es zu einem Musterprojekt der Vermarktung von Biolebensmitteln in Tirol gemacht.

Höchst interessant ist die Tatsache, dass der Transport per Seilbahn mitentscheidend dafür ist, dass der Biokäse aus Hatzenstädt so einzigartig ist. „Die Milch ist nie älter als zwölf Stunden und teilweise noch ‚kuhwarm', wenn sie bei uns mit der Seilbahn ankommt", sagt Gstir. Sie wird nicht wie sonst üblich stundenlang gekühlt und dann Dutzende, wenn nicht gar Hunderte Kilometer transportiert, um dann wieder erhitzt zu werden. Sie wird frisch verarbeitet, was logischerweise zu besseren Produkten führt. Ein Käsemeister und drei Gesellen erzeugen im Jahr aus 1,8 Millionen Litern bester und vor allem frischer BIOBergmilch 25 bis 30 Tonnen Rohmilch-**150** Bergkäse, 110 Tonnen Rohmilch-Emmentaler, 20 bis 25 Tonnen Schnittkäse, 20 Tonnen Butter, Buttermilch und Süßmolke. „Unsere Süßmolke geht in die Erzeugung von Nahrungsmitteln für Babys", so Gstir stolz.

Die Region um Niederndorferberg hat eine Aufbauarbeit hinter sich, die als Blaupause für die Entwicklung ländlicher Berggebiete gelten kann. „Die

Umstellung der Sennerei auf einen Biobetrieb hat seit 1990 eigentlich eine ganze Region auf Bio umgestellt", erzählt Heinz Gstir. „Damals sind wir belächelt worden, heute sind wir ein Vorzeigebetrieb, ja, eine Vorzeigeregion und der größte Abgabenzahler in unserer Gemeinde." Sein Credo: „Die Wertschöpfung muss in unserer Region bleiben." Daher war es logisch, die Wärmegewinnung für die Sennerei komplett auf Hackschnitzel umzustellen. „Wir beziehen die rund 300 Festmeter Holz pro Jahr selbstverständlich von unseren Bauern, die sich damit ein kleines Zubrot verdienen. Und wir ersparen uns so jährlich 45.000 Liter Heizöl."

Zu einem Anziehungspunkt der Sennerei hat sich der Verkaufsladen entwickelt. Sicher, die nahe deutsche Grenze trägt viel dazu bei, dass Hatzenstädt bis weit nach Bayern hinein bekannt ist. Im Laden werden neben den Hatzenstädter Spitzenprodukten aus eigener Käseproduktion auch andere, von den Genossenschaftsmitgliedern der Sennerei hergestellte Bio-Lebensmittel verkauft. Allein dieser Laden lohnt bereits einen Ausflug in diesen Winkel Tirols. Wie überhaupt die Sennerei über regen Zuspruch nicht klagen kann: „Wir führen Besuchergruppen gegen Voranmeldung gerne durch die Käserei und unseren Käsekeller."

Die ebenfalls von Heinz Gstir initiierte Marke „BIO vom BERG" – mit ihren insgesamt 130 verschiedenen Spitzenprodukten – ist die logische Fortsetzung der Biobewegung in Hatzenstädt. Und ganz wichtig: „BIO vom BERG" ist die einzige unabhängige Erzeugermarke Mitteleuropas, deren Markenführerschaft nach wie vor in den Händen der 600 Bauern liegt.

Info

Anreise: Mit dem Auto von Kufstein aus nach Niederndorferberg. Mit VVT-Bussen leider kaum zu erreichen.
Kontakt: BIOSennerei Hatzenstädt, Gränzing 22, 6346 Niederndorferberg
Tel.: +43/(0)5373/61713; E-Mail: bio@hatzenstaedt.at
Öffnungszeiten des Sennereiladens: Mo bis Fr 9 bis 12 Uhr und 14 bis 18 Uhr; Sa 9 bis 12 und 14 bis 17 Uhr; So und Feiertage 9 bis 11 Uhr
Website: *biokäserei-tirol.at*

152

Heinz Gstir

44

EINE REISE IN DIE VORZEIT

Die Tischofer Höhle im Kaisertal

45

Keine Stunde vom Stadtzentrum Kufsteins entfernt liegt eine riesige, geheimnisvolle Höhle am Eingang des wunderschönen Naturschutzgebiets Kaisertal. Wer die Tischofer Höhle erforschen will, muss allerdings zuerst einmal knapp 300 Stufen auf dem sogenannten „Kaiseraufstieg" überwinden.

Kufstein, die „Perle Tirols", ist voll von Überraschungen. Eine davon ist ihre Lage am Eingang zu jenem Tal, das im Jahr 2016 zum „schönsten Platz Österreichs" gewählt worden ist: das Kaisertal, zwischen dem Zahmen und Wilden Kaiser gelegen. Am besten verwendet man den Stadtbus, um vom Bahnhof Kufstein aus in nur wenigen Fahrminuten zum Ausgangspunkt einer sensationellen Zeitreise zu gelangen: dem Kaiseraufstieg.

Bis zum Jahr 2008 war das Kaisertal für dessen rund 30 Bewohner überhaupt nur zu Fuß erreichbar. Die Jahrhunderte zuvor wurden Lebensmittel und Gerätschaften entweder per Kraxe oder mit Eseln oder Maultieren ins Tal getragen. Fahrzeuge, Traktoren und schweres Gerät wurden bis vor einigen Jahren noch per Hubschrauber ins Tal transportiert. Erst am 31. Mai 2008 wurde das Kaisertal als letztes bewohntes Tal Österreichs an das Straßennetz angeschlossen. Ein Umstand, der sogar dem Newsgiganten CNN einen Bericht wert war.

Es sind 200 Höhenmeter, die mittels des Kaiseraufstiegs überwunden werden. Langsam angehen sollte hier die Devise sein. Der Aufstieg ist aber nicht nur Müh und Plag. Ein dichter Mischwald mit wunderschönen Buchen öffnet sich bisweilen und gibt eindrucksvolle Blicke auf die Festung frei. Vor allem von der „Neapelbank" aus ist der Blick einzigartig auf das Städtchen. Neapel? Ja, dieser Platz wurde von Unbekannten nach dem Goethe-Spruch „Neapel sehen und sterben" so getauft. Nach einem rund halbstündigen gemächlichen Aufstieg zeigt ein kleines Wegschild nach unten: Es ist der Abstieg zur **154** Tischofer Höhle. Ein Gehweg mit engen Serpentinen, der bei Regenwetter nicht ganz ungefährlich ist, überwindet diesen eher steilen Abstieg hinab zum Sparchen- oder Kaiserbach, der sich am Ende des Kaisertales seinen Weg wild tosend durch eine Schlucht in Richtung Kufstein bahnt. Nach dem etwa fünfzehnminütigen Abstieg passiert man zuerst die kleine Hyänenhöhle und

45

steht dann unvermittelt vor der riesigen Tischofer Höhle. An der Außenfront rund neun Meter hoch und etwa 40 Meter breit, erstreckt sie sich 40 Meter in den Fels hinein.

Nicht nur die Tatsache, dass im Lauf der Jahrzehnte die Skelette von weit mehr als 300 Höhlenbären, Hyänen, Rentieren, Wölfen und sogar einem Höhlenlöwen ausgegraben worden sind, ist faszinierend. Auch nicht, dass die Höhle zur Bronzezeit als eine Art Friedhof gedient hat. Sensationell ist die Tatsache, dass hier Werkzeuge aus Knochen und eine altsteinzeitliche Speerspitze gefunden wurden. Ihr Alter: zwischen 27.000 und 28.000 Jahre!

Ihren Namen erhielt die Höhle indes aus einem eher trivialen Grund. Sie diente während der Napoleonischen Kriege als Versammlungsort der Freiheitskämpfer, wo vermutlich auch Waffen, Pulver und anderes Kriegsgerät versteckt worden war. Angeblich war ein steinerner Tisch der Grund, weshalb man „Zum Tisch oba" als Losungswort gebrauchte. Der Name Tischofer Höhle war geboren. Ob ein Schreib- oder Hörfehler für die Änderung verantwortlich ist, kann heute nicht mehr eruiert werden.

Es wäre schade, die Wanderung zur Tischofer Höhle auf sich beruhen zu lassen, ohne dem einzigartigen Kaisertal einen Besuch abzustatten. Denn schon kurz nach der Abzweigung zur prähistorischen Höhle erreicht man den ersten von mehreren Einödhöfen, den Veitenhof. Ihm folgen mit dem Pfandlhof und dem Hinterkaiserhof zwei weitere, ausgesprochen „romantische" Höfe, die zur Einkehr laden. Und es lohnt sich, die Wanderung im Kaisertal noch nicht zu beenden. Denn jetzt erhebt sich der Wilde Kaiser zu majestätischer Größe und dominiert das Tal mit seinen bizarren Felstürmen. Wer zuerst durch die wunderbaren Wälder entlang des Kaiserbachs weiterwandert, erreicht nach rund eineinhalb Stunden einen der wohl idyllischsten Plätze des Tales: Hinterbärenbach mit seinem Anton-Karg-Haus. Dessen Küche darf mit Fug und Recht als exzellent bezeichnet werden.

Info

156

Anreise: Öffentlich nach Kufstein mit der Bahn oder den VVT-Bussen. Der Kufsteiner Stadtbus Nr. 1 nach Ebbs-Kaisertal verkehrt alle 20 Minuten.
Website: *www.kaisertal.at*

HUMMELN, DIE MAN ESSEN KANN

Die hornlosen Biorinder auf dem Hörlhof in St. Jakob in Haus

Auf dem Hörlhof von Bascht (Bartholomä) Obwaller in St. Jakob in Haus leben ganz besondere Rinder: „hornlose Hummeln". Er kreuzte die uralte und vom Aussterben bedrohte Rasse der Schwarzen Pinzgauer mit den sogenannten Jochberger Hummeln.

Die Idee sei ihm 1998 gekommen, sagt der Biobauer. Was diese Kreuzung, als „Pillerseer Hummeln" bekannt, besonders auszeichnet: Die Tiere sind genetisch hornlos. Das heißt, sie eignen sich ideal für Freilaufställe. Und seit 2000 besitzt der Biohof Hörlhof einen solchen.

Die Mehrzahl der Tiroler Rinder ist bereits hornlos. Der Grund liegt auf der Hand: einerseits die Zunahme der sogenannten Laufställe, also Stallungen, in denen sich die Tiere frei bewegen können. Andererseits die größeren Besatzdichten in den Ställen. Rangkämpfe könnten für behornte Tiere daher gefährlich werden. Bei Tierschützern stößt die Enthornung auf Kritik. Einerseits ist es die Art und Weise, wie das Hornwachstum „verhindert" wird. Denn das erfolgt entweder durch Verätzen oder durch Ausbrennen der Hornansätze schon bei den Kälbern. Und andererseits seien Hörner quasi ein Organ für die Tiere, das ihnen sozusagen mutwillig genommen würde, wird argumentiert.

Seine Rinder auf diese Art zu enthornen war für Bascht Obwaller keine Option: „Ich lehne alle Eingriffe an den Tieren ab. Deshalb werden auf meinem Hof weder Hörner ausgebrannt noch junge Stiere kastriert", sagt er. Das war auch der eigentliche Grund für sein privates Zuchtprogramm. Die Art und Weise, wie Obwaller seine Tiere hält, ist einzigartig. Er nennt seinen Hörlhof einen Bio-Freiland-Hof mit der Betonung des Wortes Freiland. Seine Pillerseer Hummeln leben in einer Umgebung, in der die Tiere jederzeit selbst entscheiden können, ob sie ins Freie wollen oder doch lieber im Gebäude bleiben. Mit Ausnahme von einigen Wochen im Spätherbst und **157** Frühling, in denen auf der riesigen Wiese hinter dem Hof kein Gras wächst, das die Tiere fressen könnten: Dann benützen sie einen großen, befestigten Auslauf, der sogar mit einer eigenen Einrichtung zur Sammlung der tierischen Fäkalien ausgestattet ist.

Die etwa siebzigköpfige Herde hat jederzeit Zugang zu frischem Quellwasser. Was die Fütterung anlangt, vertritt Obwaller einen eindeutigen Standpunkt: Er kauft überhaupt kein Futter zu und versorgt seine Tiere ausschließlich mit selbst Erzeugtem, also mit Heu und Grassilage. „Kühe sind Raufutterverzehrer", erklärt er. Eine Fütterung mit Getreideschrot sei daher nicht naturgemäß. Nicht nur zugekaufte Futtermittel sind auf dem Hörlhof tabu. Obwaller verzichtet auch auf den Einsatz von Wachstumsförderern und Antibiotika, obwohl er selbst als Biobauer darauf zurückgreifen dürfte. Er will seine Tiere natürlich aufziehen und sorgt mit einer tiergerechten Umgebung auch dafür, dass sie sich wohlfühlen. Die Gesundheit von so aufgezogenen Tieren ist wesentlich besser als jener, die den Winter angebunden im Stall verbringen müssen.

Jahrelang hatte der Biobauer die teilweise ruinösen Preise des Fleischgroßhandels akzeptieren müssen. 2017 hat sich eine Kooperation entwickelt, die er als vorbildlich für beide Seiten bezeichnet. Er beliefert das renommierte Hotel Walchseerhof mit dem Fleisch seiner Tiere. Nicht nur Hotelier Georg Kaltschmid ist angetan von der Zusammenarbeit. „Vor allem mein Küchenteam ist begeistert", sagt er. Und die Gäste? „Die loben die Kreationen mit diesem Fleisch in höchsten Tönen."

158

Am Hörlhof kann man nicht nur bei einem Kurzbesuch die Rinder in ihrem Auslauf sehen, auch Urlaub am Bauernhof ist hier möglich. Das Ergebnis des artgerechten Aufwachsens dieser ganz speziellen Rinder lässt sich dann im Restaurant des Walchseerhofs verkosten.

Info

Anreise: Mit dem Auto in Fieberbrunn (Ortsteil Rosenegg) links in Richtung St. Jakob i. H. abbiegen. Ca. 700 Meter vor dem Ortszentrum neben der Pillersee-Landesstraße nahe dem Spielpark. Öffentlich mit dem VVT-Bus Nr. 8302 von Fieberbrunn Rosenegg (nähe Bahnhof) nach St. Jakob in Haus, Haltestelle Mühlau. Von dort sind es rund fünf Minuten zu Fuß zum Hörlhof. Der Walchseerhof ist mit dem VVT-Bus Nr. 4030 von Kufstein aus erreichbar.

Kontakt:

Hörlhof, Bartholomä Obwaller, Mühlau 12,
6392 St. Jakob in Haus
Tel.: +43/(0)664/4099288;
E-Mail: info@ferienwohnungen-stjakob.com
Walchseer Hof, Dorfplatz 2, 6344 Walchsee
Tel.: +43/(0)5374/5233
Website: www.walchseerhof.com

WALLFAHRT MIT WOLLIGEM ANHANG 🏛

Der Opferwidder von Obermauern

Im Virgental in Osttirol findet jedes Jahr am „Weißen Sonntag"
eine ganz und gar ungewöhnliche Wallfahrt statt. Die Haupt-
rolle fällt dabei einem mit bunten Bändern geschmückten
Widder zu, dem „Opferwidder von Obermauern". Das Brauchtum zählt seit 2015 sogar zum immateriellen Kulturerbe der
UNESCO.

Diese Wallfahrt hat keine biblischen Wurzeln, sondern geht auf ein Gelöb-
nis der Bevölkerung von Virgen und Prägraten zurück. Als 1635 eine ver-
heerende Pestepidemie die Menschen auch in diesem wunderschönen Tal
dahinraffte, gelobten die Bewohner „auf ewig", jährlich einen Widder zu
opfern, wenn das Sterben ein Ende hätte. Eine Opfergabe, die heute wenig
anspruchsvoll erscheint, zur damaligen Zeit aber einen erheblichen finan-
ziellen Aufwand darstellte. Zudem sollte der Widder im Rahmen einer Prozession vom Virgental über Lienz nach Lavant zu den beiden im Mittelalter
hoch verehrten Gnadenbildern der heiligen Maria gebracht werden.
Drei Jahrhunderte lang ging alles gut. Es war eine Zwei-Tages-Pilgerfahrt
mit einer Übernachtung in der Gegend von Lienz, zumeist in leer stehenden
Heuschobern. Aber 1920 war Schluss mit lustig: Die Zielkirche der Wallfahrt wurde nach Obermauern verlegt. Gründe dafür dürfte es gleich mehrere gegeben haben. Pilgersfrau und Pilgersmann ruhten meist gemeinsam
in Heustöcken, glaubt man alten Erzählungen. Und das förderte zweifels-
ohne ein nächtliches Näherkommen der Geschlechter. Ein anderer Grund
dürfte der Alkohol gewesen sein. Jedenfalls hat sich im Virgental der Spruch
erhalten: „Beim Hinuntergehn heilig, beim Zurückgehn rauschig!"
Und so ist seit knapp 100 Jahren die Wallfahrtskirche in Obermauern an
jedem ersten Sonntag nach Ostern das Ziel der Prozession. Der Opferwidder wird von einer der fünf Fraktionen (Ortsteile) der Gemeinde Virgen
zur Verfügung gestellt. Es ist heute noch eine Ehre für jeden Bauern, das **161**
ausgewählte Tier zu halten und zu pflegen. Es wird ein ganzes Jahr lang
auf den großen Auftritt vorbereitet. Zwei Schuren, jene im Frühjahr und im
Herbst, werden beim Widder ausgelassen. So sind seine Haare am Festtag
rund einen halben Meter lang, das sogenannte Vlies bleibt durch die ausge-

zeichnete Pflege blütenweiß. Geschmückt wird das Tier mit allerlei Blumen sowie mit Bändern, die im Vlies befestigt werden. Und wer geglaubt hat, so ein Widder sei wild und unbeherrscht: keine Spur davon. Eher ist er brav wie ein Lämmlein.

Was dann folgt, ist doch einigermaßen überraschend: Der Widder wird von seinem Halter in die Kirche geführt und umrundet drei Mal den Altar unter den Gebeten der Gläubigen. Erst dann ist der Pfarrer an der Reihe, um die heilige Messe zu feiern. Das Tier verlässt die kultische Handlung anschließend gemeinsam mit seinem Halter und wartet geduldig auf das Ende des Hochamtes vor der Kirche. Das eigentliche „Opfer" folgt nach der Messe. Da wird der prächtige Widder nämlich im Zuge einer Tombola verlost. Schon Wochen vor der Widderprozession kann die Bevölkerung aus Virgen und Prägraten Lose kaufen, mit der Chance, Lebensmittel, Geschirr und allerlei Tand zu gewinnen. Hauptpreis ist der ausgewachsene Widder. Der glückliche Gewinner darf das Tier behalten und übergibt es meist an einen Bauern, der das Tier hält. Der Reinerlös dieser Verlosung kommt den Pfarrgemeinden Virgen und Prägraten zugute. Früher hatte der Widderhalter – es ist meist nicht der Gewinner des Widders – nach der Wallfahrt das Recht, in jedem Haus eine Schale Getreide zu erbitten, um den Opferwidder durchs Jahr zu füttern. Heute erhält der Halter eine finanzielle Entschädigung der Gemeinde. Aber die Zeiten haben sich ja auch ziemlich geändert. Und was den Widder anlangt: Der Begriff „Opferwidder" ist nicht wörtlich zu nehmen. Er überlebt nämlich die Wallfahrt. Meist wird er weiterverkauft oder zu Zuchtzwecken verwendet.

Info

Anreise: Obermauern ist an Sonntagen nicht mit öffentlichen Verkehrsmitteln zu erreichen. Mit dem Auto ist das möglich, und zwar bis zur Wallfahrtskirche Obermauern. Parkgelegenheit vorhanden.
Website: *www.virgen.at/kultur/brauchtum*

EIN MARKSTEIN DER REGIONALENTWICKLUNG

48

Die „Villgrater Natur" von Josef Schett

Josef Schetts „Villgrater Natur" ist zu einem Synonym für die Nutzung lokaler Ressourcen und der damit zusammenhängenden Schaffung von Arbeitsplätzen geworden. Ein Musterprojekt ländlicher Entwicklung in einem strukturschwachen Gebiet.

So richtig bekannt geworden ist das Villgratental durch den Ausspruch eines Bergführers: „Kommen Sie zu uns, wir haben nichts", sagte er zu einem Journalisten, der den Spruch in einem großen deutschen Magazin genüsslich zelebrierte. Wer allerdings die Probe aufs Exempel macht, stimmt dem nur bedingt zu. Sicher, die Villgrater kennen kaum Verkehr, haben weder Schnee- noch Schallkanonen, keine Skilifte und Bettenburgen. Auch ein Nachtleben mit Lasershows ist undenkbar. Was es hier gibt, sind Schafe und ein Projekt, das sogar europaweit ausstrahlt. Also doch nicht nichts ...

Vor mehr als 30 Jahren hatte Josef Schett, damals Mitarbeiter einer Bank, den mehr als 600 Jahre alten Bergbauernhof seiner Eltern in Innervillgraten übernommen. Er stellte sofort auf Schafzucht um, denn er sah damals kaum eine andere Möglichkeit, seinen Hof über Wasser zu halten. Er erkannte aber die Chancen, die in der Erzeugung hochwertiger Lammfleischprodukte lagen. Also begann er, sein Fleisch direkt in die österreichische Spitzengastronomie zu liefern. Das war für den umtriebigen Jungbauern aber nur ein erster Schritt. Die Verarbeitung von Schafwolle aus der Region war sein erklärtes Ziel. Genau das war die eigentliche Geburtsstunde seiner „Villgrater Natur". 70.000 Schafe aus Österreich sind Josef Schetts heutige Geschäftsgrundlage. Sie liefern die Rohstoffe, die er in seiner „Villgrater Natur" zu Endprodukten verarbeitet. Und das auf höchstem Niveau. Das „Villgrater Natur"-Haus am Ortseingang ist deshalb schon seit vielen Jahren ein

164 Vorzeigemodell für erfolgreiche Regionalentwicklung. Und nicht umsonst immer wieder das Ziel von Exkursionen aus ganz Europa.

Wenn man die Geschäftsstrategie von Schett beschreiben sollte, dann mit „Alles vom Schaf". „Einfach alles, was vor der Haustüre wächst und was man verarbeiten kann." Im Zentrum steht die Wolle der Tiere, die von den

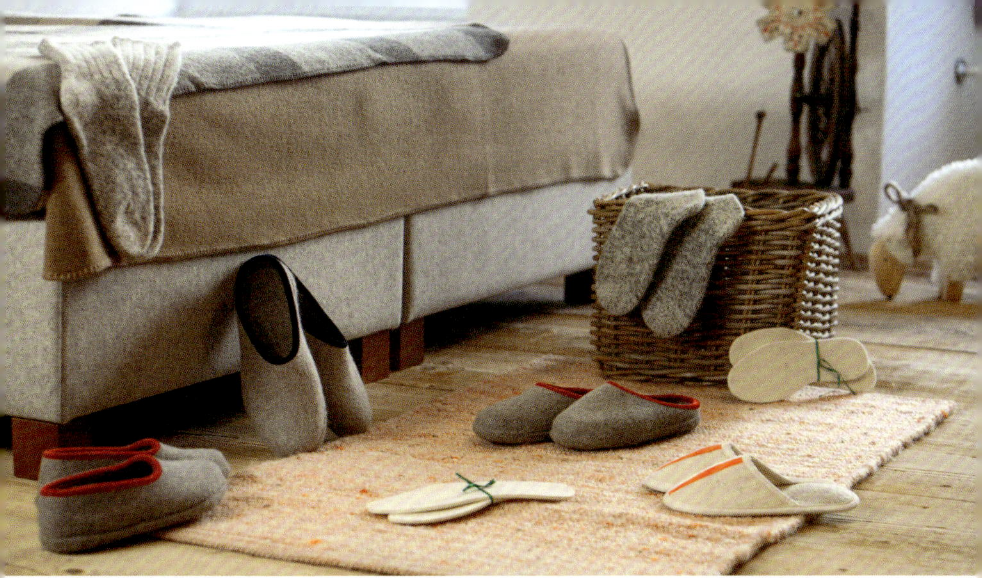

48

Unsere Lieferanten sind
75.000 wollige Österreicher
Woolin
www.villgratennatur.at

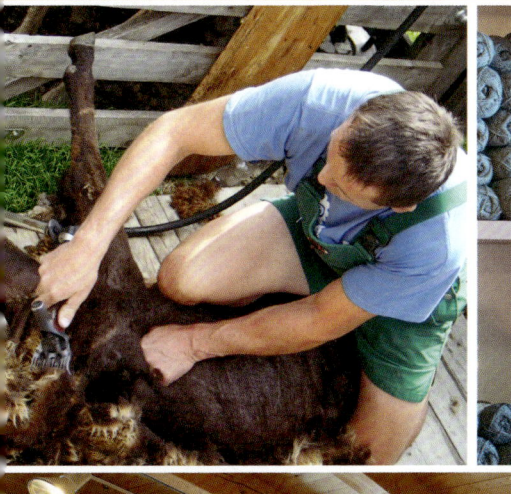

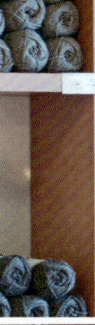

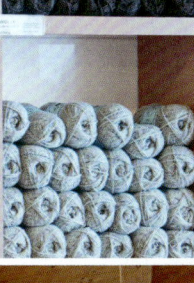

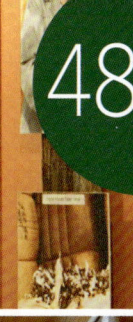

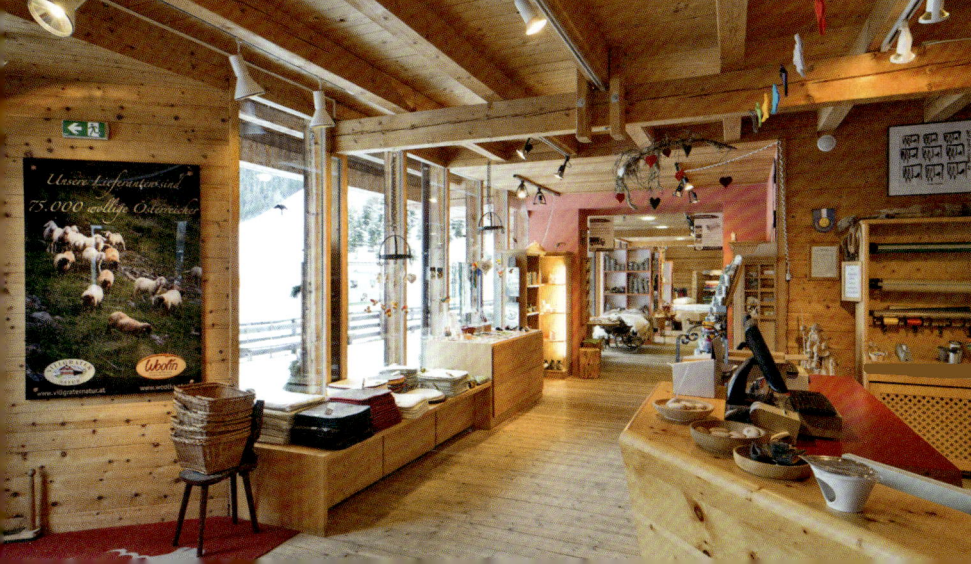

derzeit 13 Mitarbeitern des Unternehmens verarbeitet wird. Grundsätzlich sind es drei Schwerpunkte, die von der „Villgrater Natur" beackert werden: die Produktion des sehr erfolgreichen „Natur-Bettensystems", biologische Woolin-Naturdämmstoffe aus Schafschurwolle und verschiedene Klein- und Geschenkartikel. Nach wie vor im Angebot: Lammfleisch und vor allem Lammfleischprodukte wie Wurst, Salami und Schinken.

Mit seinem eigenen Bettensystem ist Schett ein erster großer Wurf gelungen. Dessen Entwicklung ging auf eine Zusammenarbeit mit Österreichs Fitnesspapst Willi Dungl zurück. Neben dem Bettgestell aus heimischen Hölzern wurde auch ein eigenes Matratzensystem geschaffen, das auf Schafwolle basiert. Der nächste Schritt war dann, neue Dämmstoffe aus Schafwolle zu entwickeln. „Wir haben bei Adam und Eva angefangen", lacht er heute. Auch diese Herausforderung hat er nach einer überaus intensiven Entwicklungsphase gemeistert. Seine Schafwolle ist heute unter dem Markennamen „Woolin" ein stehender Begriff und im ökologischen Bauwesen populär wie nie zuvor. „Die mehrjährige Entwicklungsarbeit hat uns zusätzliche Erkenntnisse gebracht, welche Eigenschaften die heimische Schafschurwolle hat", sagt er heute stolz. So etwa, dass Wolle Wohngifte wie Formaldehyd und Ozon neutralisiert. Oder eine nahezu unbegrenzte Haltbarkeit aufweist. Wer das „Villgrater Natur"-Haus besucht, wird überrascht sein, was man sonst noch aus Schafwolle herstellen kann.

Info

Anreise: Von Sillian mit dem Auto oder dem VVT-Bus Nr. 8513 ab Bahnhof Sillian nach Innervillgraten.
Kontakt: Villgrater Natur, Klamperplatz 116, 9932 Innervillgraten
Tel.: +43(0)/4843/5520; E-Mail: office@villgraternatur.at
Öffnungszeiten: Mo bis Fr 7:30 bis 12 Uhr und 13:30 bis 18 Uhr. Sa 9 bis 12 Uhr. Von Anfang Juli bis Mitte September Mo bis Fr durchgehend von 7:30 bis 18 Uhr geöffnet. Führungen sind nach Voranmeldung möglich.
Websites: *www.villgraternatur.at, www.woolin.at*

URIGE GEMÜTLICHKEIT WIE FRÜHER

Das Almdorf auf der Oberstalleralm bei Innervillgraten

Viele assoziieren den Begriff „Alm" mit Freiheit, Naturnähe und idyllischer Geborgenheit. Für uns Tiroler ist die Alm ein bisschen mehr: nämlich ein Ort legendärer Gemütlichkeit. Ein Beispiel gefällig? Das Almdorf auf der Oberstalleralm hoch über Innervillgraten.

Der Ortsname Innervillgraten verheißt viel Natur, Abgeschiedenheit und Ruhe. Es gibt weder Skilifte noch Hotelklötze mit mehr als 50 Betten und auch keine lärmenden Schnapsbuden. Mit ein Grund dafür, weshalb das Villgratental zum „Bergsteigerdorf" geadelt worden ist.

Vom Gemeindezentrum in Innervillgraten aus sind es noch einmal knapp neun Kilometer bis zur Oberstalleralm. Der Weg dorthin wird von zahlreichen uralten Bauernhöfen gesäumt, die hoch oben an den Hängen kleben. Diese sind so steil, dass selbst ein Sprung aus dem Kellerfenster einem Selbstmordversuch gleichkäme, wie es in Innervillgraten heißt. Weiter hinten im Tal passiert man ein sogenanntes „Industriedenkmal": die „Wegelate Säge" mit einem „Venezianer Gatter". Sie wurde von einem Verein instand gesetzt und kann auch besichtigt werden. Normalerweise bestehen Almen auch in Tirol aus der Almhütte und einem oder zwei Ställen. Das ist auf der Oberstalleralm völlig anders. Hier spricht man bereits von einem Almdorf. Denn die 16 Häuser und die „Schutzengelkapelle" können durchaus als hölzerne Wohnhäuser auf Zeit betrachtet werden. Und das hat seinen Grund.

Die Oberstalleralm ist aus der Not heraus entstanden. Das starke Bevölkerungswachstum nach der Renaissance führte zu einer Realteilung und damit zu einer Zersplitterung der Hofflächen. Die Bauern waren von nun an auf ihre Almen und Bergmähder angewiesen, um das dringend nötige zusätzliche Heu für die Winterfütterung zu machen. Und das in Hochgebirgslagen bis 2500 Meter Seehöhe. Nicht nur die Mahd erforderte viele helfende Hände, größte Mühe und enormen Aufwand. Das Heu musste **167** auch noch zu Tal gebracht werden, meist im Winter, wenn der Schnee den Transport mit der „Ferggl" – kufenlosen flachen Holzgestellen – erleichterte. Auch die sonntäglichen Kirchgänge zu Fuß wurden meist mit leerem Magen absolviert. (Kaum mehr bekannt ist, dass man damals drei Stunden vor der Kommunion nichts mehr essen durfte.) Inzwischen reifte im Tal das Korn, das ebenso wie der Flachs und die „Gruimat" – der zweite Schnitt des Mahdes –, im Herbst einzubringen war. Die Familie zog daher meist Anfang September wieder zurück ins Dorf. Mit dem freien Almleben war's nun wieder vorbei.

Der Einzug von Motoren hat die Landwirtschaft dann von Grund auf verändert. Es war der Traktor, der eine Revolution einleitete, die bis heute noch nicht abgeschlossen ist. Die Villgrater waren dankbar, dass sie nun nicht mehr nach der ersten Heumahd mit Vieh, Kind und Kegel auf die Alm ziehen mussten. Als es dank der Technisierung kein Problem mehr war, das Heu von der Alm innerhalb kurzer Zeit zum Hof im Tal zu bringen, wurden auch die insgesamt 16 Almhäuser mehr oder weniger überflüssig. Bis sich in den letzten Jahrzehnten des vorigen Jahrhunderts ein touristischer Trend bildete, der mit dem Slogan „Zurück auf die Alm" umschrieben werden kann. Menschen suchten wieder Ruhe und Einsamkeit in den Bergen. Komfort wie in normalen Hotels erwarteten sie sich gar nicht. Heute sind aus den Almhäusern begehrte Unterkünfte für Urlauber geworden, die den rustikalen Charme der Häuser lieben – inklusive Kaltwasser und Holzherd.

Das Gebiet um die Oberstalleralm ist auch abseits des Almdorfs sehr interessant. Vor allem ein ausgeprägter Schalenstein mit sogenannten „Kanälen" gibt Archäologen und Heimatforschern Rätsel auf. Auch zwischen den Almhäusern gibt es diese Steine, in die halbkugelförmige Vertiefungen eingeritzt worden sind. Weshalb? Das bleibt ein Rätsel.

Info

Anreise: Von Innervillgraten mit dem Auto in 20 Minuten beim gebührenpflichtigen Parkplatz vor der Oberstalleralm. Zu Fuß benötigt man rund drei Stunden von Innervillgraten aus.
Kontakt und Buchungsmöglichkeit: Tourismusinfo Innervillgraten, Gasse 78, 9932 Innervillgraten
Tel.: +43/(0)50/212-340; E-Mail: innervillgraten@osttirol.com

BEDROHTES BÄUERLICHES KULTURGUT

50

Die Schupfn von Obertilliach

Das Osttiroler Bergsteigerdorf Obertilliach war bisher vor allem wegen seines unter Denkmalschutz gestellten Ortskerns bekannt. Auch dreht hier der letzte Nachtwächter Österreichs zweimal wöchentlich seine Runde. Seit 2014 sorgt nun eine Privatinitiative dafür, dass die vom Verfall bedrohten historischen Schupfn gerettet werden.

Dutzende alter Holzschupfn prägen das Bild der Gemeinde. Es sind die Schupfn auf den Tillga-Feldern, die nicht mehr verwendet werden und teils unübersehbar ihrem Ende entgegenrotten. Einst waren die Schupfn eine sehr wichtige bäuerliche Einrichtung. Man hat das Heu der umliegenden Wiesen geerntet und vorerst in den hölzernen Häuschen vor Ort bis in den Winter hinein gelagert. Meist in Blockbauweise errichtet, konnten dort neben dem Heu auch die benötigten Gerätschaften zum Heuen untergestellt werden. Etwa die „Hoanzn'", „Stiefel" oder „Stangger", auf denen das Heu bei Schlechtwetter im Sommer getrocknet wurde. In Obertilliach nennt man solche Utensilien übrigens „Roggl und Schwedenreiter Stakn". Das Heu wurde erst bei Bedarf mit dem Pferdefuhrwerk oder im Winter mit dem Pferdeschlitten zum Bauernhof ins Dorf gebracht.

Die teils mehrere Jahrhunderte alten Heuhütten haben in der modernen Landwirtschaft ihren Zweck zunehmend verloren. Sie werden schlicht und einfach nicht mehr benötigt und stehen für die Bauern meist „nutzlos" in der Landschaft herum. Deshalb befinden sich viele dieser einst landschaftsprägenden Schupfn entweder in einem bedauernswerten Zustand, rotten vor sich hin oder sind im schlechtesten Fall bereits aus dem Landschaftsbild verschwunden. Kaum jemand bedachte bisher, dass die hölzernen Häuschen genauso zum alpinen Kulturerbe gehören wie andere landwirtschaftliche Gebäude.

170 Der Anstoß zu ihrer Erhaltung kam ursprünglich von Josef Lugger, einem waschechten Obertilliacher, sowie seinem Sohn Kurt, einem Unternehmer, dessen Wohnsitz mittlerweile in Innsbruck liegt. Besonders für ihn war es unerträglich, zuschauen zu müssen, wie die Schupfn zunehmend verfielen. Viele seiner Kindheitserinnerungen sind untrennbar mit den verstreut ge-

50

legenen hölzernen Hütten verbunden. Obertilliach ohne Schupfn geht gar nicht, sagte er sich.

Die Dreharbeiten zum James-Bond-Film „Spectre" hätten „dem Fass dann aber den Boden ausgeschlagen", wie er erzählt. „Ich musste zur Kenntnis nehmen, dass mehrere Schupfn für den Film quasi ‚draufgegangen' sind. Die Bauern haben sie teils verschenkt oder um ein Butterbrot für die Dreharbeiten geopfert." Er findet das ganz einfach „respektlos" gegenüber dem ureigenen Kulturgut. Daher schritt er zur Tat, denn „das wollte ich in alle Zukunft verhindern".

2014 startete Kurt Lugger gemeinsam mit seinen Geschäftspartnern Graciela und Harald Mark das Projekt „Rettet die Schupfn". Die Entwicklungs- und Realisationskosten bezahlte ihre Firma aus eigener Tasche. Die Gemeindebürger standen dem Projekt anfangs achselzuckend gegenüber. Um sie jedoch von der Wichtigkeit des Erhalts der Schupfn zu überzeugen, hatten die Initiatoren die Idee, die Dächer der Schupfn in den Winternächten „sichtbar" zu machen. Gemeinsam mit einigen Partnern ihres Unternehmens verlegten sie rund 1200 Meter LED-Lichterketten sowie etwas mehr als 2000 Meter Stromkabel. So war die Überraschung bei vielen Einheimischen groß, als im November 2015 plötzlich die Dachsilhouetten der Schupfn am Abend leuchteten. Ein weithin sichtbares Zeichen dafür, dass Obertilliach und seine Schupfn ein Ensemble bilden, das es wert ist, erhalten zu werden.

In der Zwischenzeit ist die Skepsis der Obertilliacher Bevölkerung spürbar geschwunden. Vor allem die Jungbauern des Ortes helfen jetzt tatkräftig mit, die Schupfn zu erhalten. Und das nicht nur im Ortsbereich, sondern auch am Berg. Das Ziel der Privatinitiative ist es, jährlich mindestens fünf Schupfn zu sanieren.

Info

Anreise: Mit öffentlichen Verkehrsmitteln oder privatem Pkw bis ins Ortszentrum von Obertilliach. Von hier aus beginnt der Rundgang durch die Tillga-Felder.

Kontakt: Die ATT-Industrie, Hotterbichlweg 2, 6115 Kolsassberg, hat das Projekt „Rettet die Schupfn" gestartet und ist auch Anlaufstelle für Informationen.

Tel.: +43/(0)5224/67890; E-Mail: office@att-industrie.at

Website: *www.socialcareproject.at/schupfn.html*

50 BEDROHTES BÄUERLICHES KULTURGUT

50

Der Autor

Werner Kräutler, Jahrgang 1950 und gebürtiger Vorarlberger, ist seit Kindertagen ein glühender Tirol-Fan. Er arbeitete als Journalist und war zehn Jahre lang Regionalentwickler im Tiroler Ötztal. 2015 gründete er mit Freunden die „Schule der Alm im Valsertal" mit dem Ziel, die heimische Alm- und Bergmahdkultur zu erhalten. Weiters hat er als Regionalentwickler ab dem Jahre 2000 den „Tiroler Jakobsweg" wiederbelebt und ist seit mehr als zwei Jahrzehnten begeisterter Jakobspilger.

Auf seinem Blog „Tirol isch toll" präsentiert er die landschaftlichen und kulturellen Schönheiten des Bundeslandes und hat auch ein kritisches Auge auf das, was nicht so optimal läuft.

Bildnachweis
Alle Fotos Werner Kräutler, außer:
4: imago/blickwinkel/Mc PHOTO/P. Hofmann; 15 o.: Eduard Ruetz; 21 u., 23 r.: Christian Sturm; 25 u.: Tiroler Sauerbrunn; 29 u. l.: Museum Fließ; 31 o. l./u. l.: Tiroler Edle; 37 l. (3)/38, 39: Knappenwelt Gurgltal; 51 M. r.: Stefanie Figl; 65 u. l./o. l./u. r.: Bergoase Forellenhof; 83 u.: Danijel Jovanovic; 93 u. l.: Thomas Brecher; 135 (5), 136, 137: Tiroler Steinöl; 149 u. r.: Daniel Gollner; 153 u.: Sennerei Hatzenstädt; 165 o./M. r./M. l.: Villgrater Natur; 165 u.: Lukas Schaller; 169 o.: Josef Schett; 171 (3), 172 (2): ATT Industrie; 174: Hermann Muigg
Übersichtskarte: Birgit Mayer/Extraplan,
basierend auf © OpenStreetMap contributors (openstreetmap.org)

Stand der Internetlinks und Kontaktadressen: Jänner 2018
Alle Angaben in diesem Buch wurden sorgfältig recherchiert und überprüft,
erfolgen aber ohne Gewähr.

Auf der Alm

Mathias Kautzky
Auf der Alm
Geschichten vom Leben hoch oben

160 Seiten, Hardcover, Farbabbildungen
ISBN 978-3-222-13593-4
€ 22,-

Das Dasein hoch oben hat eine eigene Qualität. Die Almen sind heute noch Lebens- und Arbeitsraum von Menschen, die in Einklang mit Flora und Fauna leben. Mathias Kautzky hat einen Schatz lebendiger Geschichten gehoben.

STYRIA
BUCHVERLAGE

Wien – Graz – Klagenfurt
© 2018 by Styria Verlag
in der Verlagsgruppe Styria GmbH & Co KG
Alle Rechte vorbehalten.
ISBN 978-3-222-13580-4

Bücher aus der Verlagsgruppe Styria gibt es
in jeder Buchhandlung und im Online-Shop
www.styriabooks.at

Coverfoto: imago/blickwinkel/Mc PHOTO/P. Hofmann
Buch- und Covergestaltung: Maria Schuster
Layout: Lena Kothgasser-Haider, www.koco.at
Lektorat: Elisabeth Wagner

Druck und Bindung: AduPrint
Printed in the EU
7 6 5 4 3 2 1